Smagen af Asien
En Kulinarisk Rejse

Mei Lin

Indhold

Sød og sur karpe	10
Karpe med tofu	12
Fiskeruller med mandler	14
Torsk med Bambusskud	16
Fisk med bønnespirer	18
Fiskefileter i brun sauce	20
kinesiske fiskefrikadeller	21
Sprødstegt fisk	22
Stegt torsk	23
fem krydderier fisk	24
Duftende fiskepinde	25
Fisk med pickles	26
Krydret ingefær torsk	27
Torsk med mandarinsauce	29
ananas fisk	31
Fiskeruller med svinekød	33
Fisk i risvin	35
Stegt fisk	36
Fisk med sesamfrø	37
Dampede fiskeboller	38
Marineret sød og sur fisk	39
Fisk med vinaigrette sauce	40
stegt ål	42
Tørkogt ål	43
Ål med selleri	45
Kuller fyldte peberfrugter	46
Kuller med sorte bønnesauce	47
Fisk i brun sauce	48
fem krydderier fisk	49
Hvidløg kuller	50
krydret fisk	51
Ginger Haddock med Pak Soi	53

Kuller fletninger 55
Dampede fiskeruller 56
Helleflynder i tomatsauce 58
Havtaske med broccoli 59
Rød multe i tyk sojasovs 61
vestsøfisk 62
stegt skrubber 63
Dampet skrubber med kinesiske svampe 64
hvidløgssål 65
Skrubbe med ananassauce 66
Tofu laks 68
Stegt marineret fisk 69
ørred med gulerod 70
stegte ørreder 71
Ørred med citronsauce 72
kinesisk tun 74
Marinerede fiskebøffer 76
rejer med mandler 77
Anis rejer 78
rejer med asparges 79
rejer med bacon 80
rejefrikadeller 81
Grillede rejer 83
Rejer med bambusskud 84
Rejer med bønnespirer 85
Rejer i sort bønnesauce 86
Rejer med selleri 87
Stegte rejer med kylling 88
peber rejer 89
Rejer Chop Suey 90
Reje Chow Mein 91
Rejer med zucchini og litchi 92
krabbe rejer 94
Agurkerejer 96
Reje karry 97
Rejer og champignon karry 98

stegte rejer ... 99
Stegte panerede rejer ... 100
Rejefrikadeller i tomatsauce ... 101
Rejer og æggebæger ... 103
Imperial ruller med rejer ... 104
orientalske rejer ... 106
Foo Yung rejer ... 108
Stegte rejer ... 109
Sauterede rejer i sauce ... 111
Pocherede rejer med skinke og tofu ... 113
Rejer med hummersauce ... 114
syltet abalone ... 116
Braiserede bambusskud ... 117
Agurk kylling ... 118
Sesam kylling ... 119
ingefær litchi ... 120
Kyllingevinger kogt i rødt ... 121
Agurk Krabbekød ... 122
Marinerede svampe ... 123
Marinerede svampe ... 124
rejer og blomkål ... 125
sesamskinke stænger ... 126
Kold tofu ... 127
Kylling med bacon ... 128
Kylling og stegt banan ... 129
Kylling med ingefær og svampe ... 130
kylling og skinke ... 132
Grillet kyllingelever ... 133
Vandkastanjekrabbebolde ... 134
dim sum ... 135
Skinke og kyllingeruller ... 136
Bagte skinketærter ... 138
Pseudo-røget fisk ... 139
fyldte svampe ... 141
Svampe med østerssauce ... 142
Svinekød og salatruller ... 143

Svinekød og kastanjefrikadeller 145
Svineboller 146
Flæsk- og kalvekaffer 147
sommerfugle rejer 148
kinesiske rejer 149
rejekiks 150
Sprøde rejer 151
Rejer med ingefærsauce 152
Rejer og pastaruller 153
Rejetoast 155
Svinekød og rejer wontons med sød og sur sauce 156
kyllingefond 158
Bønnespire og svinesuppe 159
Abalone og svampesuppe 160
Kylling og asparges suppe 162
kødsuppe 163
Kinesisk oksekød og bladesuppe 164
Kålsuppe 165
Krydret oksekødsuppe 166
himmelsk suppe 168
Kylling og bambusskudsuppe 169
Kylling og majssuppe 170
Kylling og ingefær suppe 171
Kyllingesuppe med kinesiske svampe 172
Kylling og rissuppe 173
Kylling og kokossuppe 174
muslingesuppe 175
æggesuppe 176
Krabbe og kammusling suppe 177
krabbesuppe 179
Fiske suppe 180
Fisk og salatsuppe 181
Ingefærsuppe med dumplings 183
Varm og sur suppe 184
Svampesuppe 185
Svampe- og kålsuppe 186

Æggesuppe med svampe 187
Svampe- og vandkastanjesuppe 188
Svinekød og svampesuppe 189
Svinekød og brøndkarse suppe 190
Svinekød og agurkesuppe 191
Flæskekugle og nudelsuppe 192
Spinat og tofu suppe 193
Majs og krabbesuppe 194
Szechuan suppe 195
tofu suppe 197
Tofu og fiskesuppe 198
Tomatsuppe 199
Tomat og spinatsuppe 200
majroesuppe 201
Grøntsagssuppe 202
vegetarsuppe 203
Brøndkarse suppe 204
Stegt fisk med grøntsager 205
Helstegt fisk 207
braiseret sojafisk 208
Sojafisk med østerssauce 209
dampet havaborre 211

sød og sur karpe

til 4 personer

1 stor karpe eller lignende fisk

300 g/11 oz/¬æ kop majsmel (majsstivelse)

8 fl oz/1 kop vegetabilsk olie

30ml/2 spsk sojasovs

5 ml/1 tsk salt

150 g / 5 oz / ¬Ω kop sukker

75 ml/5 spsk vineddike

15 ml / 1 spsk risvin eller tør sherry

3 spidskål (purløg), finthakket

1 skive ingefærrod, finthakket

250 ml/8 fl oz/1 kop kogende vand

Rens og skæl fisken og læg den i blød i flere timer i koldt vand. Dræn og dup tør, og skær derefter hver side flere gange. Sæt 30 ml/2 spsk majsmel til side og tilsæt gradvist nok vand til resten af majsmelet til en stiv pasta. Dyp fisken i dejen. Varm olien op til den er meget varm og steg fisken til den er sprød udenpå, sænk varmen og steg videre til fisken er mør. Pisk imens resterende majsstivelse, sojasovs, salt, sukker, vineddike, vin eller sherry, purløg og ingefær. Når fisken er kogt, overføres den til et varmt fad. Tilsæt sauce- og vandblandingen til olien og lad det simre under godt omrøring, indtil saucen tykner. Hæld over fisken og server med det samme.

Karpe med tofu

til 4 personer

1 karpe

60 ml/4 spsk jordnøddeolie

8 oz/225 g tofu, i tern

2 forårsløg (purløg), finthakket

1 fed hvidløg, finthakket

2 skiver ingefærrod, finthakket

15 ml / 1 spsk chilisauce

30ml/2 spsk sojasovs

500 ml/16 oz/2 kopper bouillon

30 ml/2 spsk risvin eller tør sherry

15 ml/1 spsk majsstivelse (majsstivelse)

30 ml/2 spsk vand

Trim, skaler og rens fisken og tegn 3 diagonale streger på hver side. Varm olien op og steg tofuen forsigtigt til den er gylden. Tag af panden og dræn godt af. Tilsæt fisken på panden og steg til den er gyldenbrun, og tag den derefter af panden. Hæld alt undtagen 15 ml/1 spsk olie i, og svits forårsløg, hvidløg og ingefær i 30 sekunder. Tilsæt chilisauce, sojasauce, bouillon og vin og bring det i kog. Kom forsigtigt fisken i gryden med tofuen og kog uden låg i cirka 10 minutter, indtil fisken er kogt og saucen reduceret. Overfør fisken til et opvarmet fad og top med tofu. Bland majsstivelse og vand til en pasta, rør i saucen og kog under omrøring, indtil saucen tykner lidt. Hæld over fisken og server med det samme.

Fiskeruller med mandler

til 4 personer

100 g/4 oz/1 kop mandler

450 g / 1 lb torskefileter

4 skiver røget skinke

1 purløg (grønt løg), hakket

1 skive hakket ingefærrod

5 ml/1 tsk majsstivelse (majsstivelse)

5 ml/1 tsk sukker

2,5 ml/¬Ω cc salt

15 ml/1 spsk sojasovs

15 ml / 1 spsk risvin eller tør sherry

1 æg, let pisket

fritureolie

1 citron, skåret i skiver

Blancher mandlerne i kogende vand i 5 minutter, afdryp og hak. Skær fisken i 9 cm/3 Ω firkanter og skinken i 5 cm/2 firkanter. Bland purløg, ingefær, majsstivelse, sukker, salt, sojasovs, vin eller sherry og æg. Dyp fisken i blandingen og læg den på en arbejdsflade. Top med mandler og læg en skive skinke ovenpå. Pak fisken ind og bind til madlavning, Varm olien op og steg fiskerullerne i et par minutter, indtil de er gyldenbrune. Afdryp på køkkenrulle og server med citron.

Torsk med Bambusskud

til 4 personer

4 tørrede kinesiske svampe

900 g / 2 lb torskefileter, i tern

30 ml/2 spsk majsstivelse (majsstivelse)

fritureolie

30ml/2 spsk jordnøddeolie

1 purløg (grønt løg), skåret i skiver

1 skive hakket ingefærrod

salt

100 g/4 oz bambusskud, skåret i skiver

120 ml/4 fl oz/¬Ω kop fiskebouillon

15 ml/1 spsk sojasovs

45 ml/3 spsk vand

Udblød svampene i varmt vand i 30 minutter og dræn derefter. Kassér stilkene og skær toppen af. Drys fisken med halvdelen af majsmel. Varm olien op og steg fisken gylden. Afdryp på sugende papir og hold varmt.

Opvarm imens olivenolien og sauter purløg, ingefær og salt, indtil det er let brunet. Tilsæt bambusskuddene og sauter i 3 minutter. Tilsæt bouillon og sojasovs, bring det i kog og kog i 3 minutter. Bland den resterende majsstivelse med vandet, tilsæt til gryden og kog under omrøring, indtil saucen tykner. Hæld over fisken og server med det samme.

Fisk med bønnespirer

til 4 personer

450 g bønnespirer

45 ml/3 spsk jordnøddeolie

5 ml/1 tsk salt

3 skiver hakket ingefærrod

450 g/1 lb fiskefileter, skåret i skiver

4 spidskål (spidskål), skåret i skiver

15 ml/1 spsk sojasovs

60 ml/4 spsk fiskefond

10 ml/2 tsk majsstivelse (majsstivelse)

15 ml/1 spsk vand

Blancher bønnespirerne i kogende vand i 4 minutter og dræn godt af. Varm halvdelen af olien op og svits salt og ingefær i 1 minut. Tilsæt fisken og steg, indtil den er let brunet, og tag den derefter af panden. Varm den resterende olivenolie op og svits forårsløgene i 1 minut. Tilsæt sojasauce og bouillon og bring det i kog. Kom fisken tilbage i gryden, læg låg på og kog i 2 minutter, indtil fisken er gennemstegt. Kombiner majsstivelse og vand til en pasta, rør i en gryde og kog under omrøring, indtil saucen lysner og tykner.

Fiskefileter i brun sauce

til 4 personer

450 g/1 lb torskefileter, tykke skiver

30 ml/2 spsk risvin eller tør sherry

30ml/2 spsk sojasovs

3 spidskål (purløg), finthakket

1 skive ingefærrod, finthakket

5 ml/1 tsk salt

5 ml/1 tsk sesamolie

30 ml/2 spsk majsstivelse (majsstivelse)

3 æg, pisket

90ml/6 spsk jordnøddeolie

90 ml/6 spsk fiskefond

Læg fiskefileterne i en skål. Bland vin eller sherry, sojasovs, purløg, ingefær, salt og sesamolie, hæld over fisken, læg låg på og mariner i 30 minutter. Fjern fisken fra marinaden og bland med majsstivelsen og dyp derefter i det sammenpiskede æg. Varm olien op og steg fisken gylden på ydersiden. Hæld olien i og rør bouillon og eventuel resterende marinade i. Bring i kog og kog ved svag varme i cirka 5 minutter, til fisken er kogt.

kinesiske fiskefrikadeller

til 4 personer

450 g/1 lb hakket torsk (kværnet)

2 forårsløg (purløg), finthakket

1 fed hvidløg, knust

5 ml/1 tsk salt

5 ml/1 tsk sukker

5 ml/1 tsk sojasovs

45 ml/3 spiseskefulde vegetabilsk olie

15 ml/1 spsk majsstivelse (majsstivelse)

Bland torsk, purløg, hvidløg, salt, sukker, sojasovs og 10 ml/2 tsk olie. Ælt godt, og drys lidt majsstivelse fra tid til anden, indtil blandingen er blød og elastisk. Form 4 fiskefrikadeller. Varm olien op og steg fiskefrikadellerne i ca. 10 minutter, indtil de er gyldenbrune, og flad dem ud, mens de steger. Serveres varm eller kold.

Sprødstegt fisk

til 4 personer

450 g/1 lb fiskefileter, skåret i strimler
30 ml/2 spsk risvin eller tør sherry
salt og friskkværnet peber
45 ml / 3 spsk majsmel (majsstivelse)
1 æggehvide, let pisket
fritureolie

Smid fisken i vinen eller sherryen og smag til med salt og peber. Støv let med majsstivelse. Pisk resten af majsmelet i æggehviden, til det er stivt, og dyp derefter fisken i dejen. Varm olien op og steg fiskestrimlerne et par minutter til de er gyldne.

Stegt torsk

til 4 personer

900 g / 2 lb torskefileter, i tern

salt og friskkværnet peber

2 æg, pisket

100 g/4 oz/1 kop almindeligt mel (alle formål)

fritureolie

1 citron, skåret i skiver

Krydr torsken med salt og peber. Pisk æg og mel til en masse og smag til med salt. Dyp fisken i dejen. Varm olien op og steg fisken et par minutter, til den er gylden og gennemstegt. Afdryp på køkkenrulle og server med citronbåde.

fem krydderier fisk

til 4 personer

4 torskefileter

5 ml/1 tsk fem krydderier pulver

5 ml/1 tsk salt

30ml/2 spsk jordnøddeolie

2 fed hvidløg, knust

2,5 ml / 1 hakket ingefærrod

30 ml/2 spsk risvin eller tør sherry

15 ml/1 spsk sojasovs

et par dråber sesamolie

Gnid fisken med femkrydderipulver og salt. Varm olien op og steg fisken let brunet på begge sider. Tag af gryden og tilsæt de resterende ingredienser. Varm op under omrøring, kom derefter fisken tilbage i gryden og varm forsigtigt op igen inden servering.

Duftende fiskepinde

til 4 personer

30 ml/2 spsk risvin eller tør sherry

1 purløg (grønt løg), finthakket

2 æg, pisket

10ml/2 tsk karrypulver

5 ml/1 tsk salt

450 g/1 lb hvide fiskefileter, skåret i strimler

100 g/4 oz brødkrummer

fritureolie

Bland vin eller sherry, purløg, æg, karry og salt. Dyp fisken i blandingen, så stykkerne er godt belagt, og beklæd dem med rasp. Varm olien op og steg fisken et par minutter, til den er sprød og gylden. Dræn godt af og server straks.

Fisk med pickles

til 4 personer

4 hvide fiskefileter

75 g / 3 oz små pickles

2 forårsløg (grønne løg)

2 skiver ingefærrod

30 ml/2 spsk vand

5 ml/1 tsk jordnøddeolie

2,5 ml/¬Ω cc salt

2,5 ml/¬Ω cc risvin eller tør sherry

Læg fisken på en varmebestandig tallerken og drys med de resterende ingredienser. Læg den på en rist i en dampkoger, dæk til og kog i ca. 15 minutter i kogende vand, indtil fisken er mør. Overfør til et opvarmet serveringsfad, kassér ingefær og forårsløg og server.

Krydret ingefær torsk

til 4 personer

225 g/8 oz tomatpuré (pasta)

30 ml/2 spsk risvin eller tør sherry

15 ml / 1 spsk revet ingefærrod

15 ml / 1 spsk chilisauce

15 ml/1 spsk vand

15 ml/1 spsk sojasovs

10 ml/2 tsk sukker

3 fed hvidløg, knust

100 g/4 oz/1 kop almindeligt mel (alle formål)

75 ml/5 spsk majsmel (majsstivelse)

6 fl oz/¬œ kop vand

1 æggehvide

2,5 ml/¬Ω cc salt

fritureolie

450 g/1 lb torskefileter, uden skind og i tern

For at lave saucen skal du kombinere tomatpuré, vin eller sherry, ingefær, chilisauce, vand, sojasovs, sukker og hvidløg. Bring i kog og kog under omrøring i 4 minutter.

Bland mel, majsstivelse, vand, æggehvide og salt til det er glat. Varm olien op. Dyp fiskestykkerne i dejen og steg i cirka 5 minutter, indtil de er kogte og gyldne. Afdryp på køkkenrulle. Hæld al olien fra og kom fisk og sauce tilbage i gryden. Varm forsigtigt op i cirka 3 minutter, indtil fisken er helt dækket af saucen.

Torsk med mandarinsauce

til 4 personer

675 g/1¬Ω lb torskefileter, skåret i strimler

30 ml/2 spsk majsstivelse (majsstivelse)

60 ml/4 spsk jordnøddeolie

1 purløg (grønt løg), hakket

2 fed hvidløg, knust

1 skive hakket ingefærrod

100 g/4 oz svampe, skåret i skiver

50 g/2 oz bambusskud, skåret i strimler

120 ml/4 fl oz/¬Ω kop sojasovs

30 ml/2 spsk risvin eller tør sherry

15 ml / 1 spsk brun farin

5 ml/1 tsk salt

250 ml/8 oz/1 kop kyllingebouillon

Dyp fisken i majsstivelse, indtil den er let dækket. Varm olien op og steg fisken gylden på begge sider. Fjern det fra panden. Tilsæt spidskål, hvidløg og ingefær og svits det let brunet. Tilsæt champignon og bambusskud og svits i 2 minutter. Tilsæt resten af ingredienserne og bring det i kog

kog under omrøring. Kom fisken tilbage i gryden, dæk til og steg i 20 minutter.

ananas fisk

til 4 personer

450 g fiskefileter

2 spidskål (purløg), hakket

30ml/2 spsk sojasovs

15 ml / 1 spsk risvin eller tør sherry

2,5 ml/¬Ω cc salt

2 æg, let pisket

15 ml/1 spsk majsstivelse (majsstivelse)

45 ml/3 spsk jordnøddeolie

225 g / 8 oz dåse ananas bidder i juice

Skær fisken i 1-tommers strimler mod kornet og læg i en skål. Tilsæt forårsløg, sojasovs, vin eller sherry og salt, bland godt og lad det stå i 30 minutter. Dræn fisken, kassér marinaden. Pisk æg og majsstivelse til en pasta og dyp fisken i dejen, så den dækkes, og dræn eventuelt overskydende af. Varm olien op og steg fisken let brunet på begge sider. Reducer varmen og fortsæt med at koge indtil de er møre. Bland i mellemtiden 60 ml/4 spiseskefulde ananasjuice med den resterende pasta og ananasstykker. Kom i en gryde ved svag varme og kog til den er gennemvarmet under konstant omrøring. Organiser

Kog fisk på et opvarmet fad og hæld saucen over til servering.

Fiskeruller med svinekød

til 4 personer

450 g fiskefileter

100 g/4 oz kogt svinekød, hakket (hakket)

30 ml/2 spsk risvin eller tør sherry

15 ml/1 spsk sukker

fritureolie

120 ml/4 fl oz/¬Ω kop fiskebouillon

3 spidskål (purløg), hakket

1 skive hakket ingefærrod

15 ml/1 spsk sojasovs

15 ml/1 spsk majsstivelse (majsstivelse)

45 ml/3 spsk vand

Skær fisken i 9 cm/3 Ω firkanter. Bland svinekødet med vinen eller sherryen og halvdelen af sukkeret, fordel ud over fiskefirkanterne, rul sammen og fastgør med snor. Varm olien op og steg fisken gylden. Afdryp på køkkenrulle. Varm imens bouillonen op og tilsæt spidskål, ingefær, sojasovs og det resterende sukker. Bring i kog og kog i 4 minutter. Bland majsstivelse og vand til en pasta, rør i gryden og bring det i kog, under omrøring, indtil saucen lysner og tykner. Hæld over fisken og server med det samme.

Fisk i risvin

til 4 personer

14 fl oz/1¬œ kopper risvin eller tør sherry

120 ml/4 fl oz/¬Ω kop vand

30ml/2 spsk sojasovs

5 ml/1 tsk sukker

salt og friskkværnet peber

10 ml/2 tsk majsstivelse (majsstivelse)

15 ml/1 spsk vand

450 g / 1 lb torskefileter

5 ml/1 tsk sesamolie

2 spidskål (purløg), hakket

Bring vin, vand, sojasovs, sukker, salt og peber i kog og lad det koge ind til det halve. Bland majsstivelsespastaen med vand, hæld i gryden og kog under omrøring i 2 minutter. Salt fisken og drys med sesamolie. Tilføj til gryden og kog ved svag varme i cirka 8 minutter, indtil den er gennemstegt. Server drysset med purløg.

Stegt fisk

til 4 personer

450 g/1 lb torskefileter, skåret i strimler

salt

soya sovs

fritureolie

Drys fisken med salt og sojasovs og lad den stå i 10 minutter. Varm olien op og steg fisken et par minutter, indtil den er let brunet. Afdryp på køkkenrulle og drys rigeligt med sojasovs inden servering.

Fisk med sesamfrø

til 4 personer

450 g/1 lb fiskefileter, skåret i strimler

1 hakket løg

2 skiver hakket ingefærrod

4 fl oz/½ kop risvin eller tør sherry

10 ml/2 tsk brun farin

2,5 ml/½ cc salt

1 æg, let pisket

15 ml/1 spsk majsstivelse (majsstivelse)

45 ml/3 spsk hvedemel (alle formål)

60 ml/6 spsk sesamfrø

fritureolie

Læg fisken i en skål. Bland løg, ingefær, vin eller sherry, sukker og salt, tilsæt fisken og lad det marinere i 30 minutter, vend af og til. Pisk æg, majsstivelse og mel, indtil der dannes en pasta. Dyp fisken i dejen og pres sesamfrøene i. Varm olien op og steg fiskestrimlerne i cirka 1 minut, til de er gyldne og sprøde.

Dampede fiskeboller

til 4 personer

450 g/1 lb hakket torsk (kværnet)

1 æg, let pisket

1 skive hakket ingefærrod

2,5 ml/¬Ω cc salt

knivspids friskkværnet peber

15 ml / 1 spsk majsstivelse (majsstivelse) 15 ml / 1 spsk risvin eller tør sherry

Bland alle ingredienserne godt sammen og lav kugler på størrelse med en valnød. Drys evt med lidt mel. Anret i et lavt bradefad.

Stil fadet på en rist i en dampkoger, læg låg på og kog i let kogende vand i cirka 10 minutter, indtil det er gennemstegt.

Marineret sød og sur fisk

til 4 personer

450 g/1 lb fiskefileter, skåret i stykker

1 hakket løg

3 skiver hakket ingefærrod

5 ml/1 tsk sojasovs

salt og friskkværnet peber

30 ml/2 spsk majsstivelse (majsstivelse)

fritureolie

sød og sur sauce

Læg fisken i en skål. Bland løg, ingefær, sojasovs, salt og peber, tilsæt fisken, læg låg på og lad det sidde i 1 time, vend af og til. Fjern fisken fra marinaden og drys med majsstivelse. Varm olien op og steg fisken sprød og gylden. Afdryp på fedtsugende papir og læg på en varm serveringsplade. Tilbered imens saucen og hæld over fisken til servering.

Fisk med vinaigrette sauce

til 4 personer

450 g/1 lb fiskefileter, skåret i strimler

salt og friskkværnet peber

1 æggehvide, let pisket

45 ml / 3 spsk majsmel (majsstivelse)

15 ml / 1 spsk risvin eller tør sherry

fritureolie

250 ml/8 oz/1 kop fiskebouillon

15 ml / 1 spsk brun farin

15 ml / 1 spsk vineddike

2 skiver hakket ingefærrod

2 spidskål (purløg), hakket

Krydr fisken med lidt salt og peber. Pisk æggehviden med 2 spsk/30 ml majsstivelse og vinen eller sherryen. Dyp fisken i dejen, indtil den er dækket. Varm olien op og steg fisken et par minutter til den er gylden. Afdryp på køkkenrulle.

Bring imens bouillon, sukker og vineddike i kog. Tilsæt ingefær og spidskål og steg i 3 minutter. Bland den resterende majsstivelse til en pasta med lidt vand, rør rundt i en gryde og kog under omrøring, indtil saucen lysner og tykner. Hæld over fisken til servering.

stegt ål

til 4 personer

450 g/1 pund ål

250 ml / 8 fl oz / 1 kop jordnøddeolie

30ml/2 spsk mørk sojasovs

30 ml/2 spsk risvin eller tør sherry

15 ml / 1 spsk brun farin

sesamolie tråd

Skræl ålen og skær den i stykker. Varm olien op og steg ålen til den er gylden. Fjern fra panden og afdryp. Hæld alt på nær 30 ml/2 spsk olie. Varm olien op og tilsæt sojasovs, vin eller sherry og sukker. Varm og tilsæt ålen og sauter til ålen er godt dækket og det meste af væsken er fordampet. Dryp med sesamolie og server.

Tørkogt ål

til 4 personer

5 tørrede kinesiske svampe

3 forårsløg (grønne løg)

30ml/2 spsk jordnøddeolie

20 fed hvidløg

6 skiver ingefærrod

10 vandkastanjer

900 g/2 lb ål

30ml/2 spsk sojasovs

15 ml / 1 spsk brun farin

15 ml / 1 spsk risvin eller tør sherry

450 ml/¬œ pt/2 kopper vand

15 ml/1 spsk majsstivelse (majsstivelse)

45 ml/3 spsk vand

5 ml/1 tsk sesamolie

Udblød svampene i varmt vand i 30 minutter, dræn derefter og kassér stilkene. Skær 1 purløg i stykker og hak den anden. Varm olivenolien op og svits champignon, purløg, hvidløg, ingefær og kastanjer i 30 sekunder. Tilsæt ålene og svits i 1 minut. Tilsæt sojasovs, sukker, vin el sherry og vand, bring det i kog, læg låg på og lad det simre i 1 Ω time, tilsæt om nødvendigt lidt vand under tilberedningen. Bland majsmel og vand til en pasta, rør i en gryde og kog under omrøring, indtil saucen tykner. Server overhældt med sesamolie og hakket purløg.

Ål med selleri

til 4 personer

350 g/12 oz ål

6 selleristængler

30ml/2 spsk jordnøddeolie

2 spidskål (purløg), hakket

1 skive hakket ingefærrod

30 ml/2 spsk vand

5 ml/1 tsk sukker

5 ml/1 tsk risvin eller tør sherry

5 ml/1 tsk sojasovs

friskkværnet peber

30 ml/2 spsk hakket frisk persille

Skræl og skær ålen i strimler. Skær sellerien i strimler. Varm olivenolien op og svits purløg og ingefær i 30 sekunder. Tilsæt ålen og sauter i 30 sekunder. Tilsæt sellerien og sauter i 30 sekunder. Tilsæt halvdelen af vandet, sukker, vin eller sherry, sojasovs og peber. Bring i kog og kog i et par minutter, indtil sellerien er mør, men stadig sprød, og væsken er reduceret. Server drysset med persille.

Kuller fyldte peberfrugter

til 4 personer

8 oz/225 g hakkede kullerfileter (kværnet)

100 g/4 oz pillede rejer, hakket (kværnet)

1 purløg (grønt løg), hakket

2,5 ml/¬Ω cc salt

peber

4 grønne peberfrugter

45 ml/3 spsk jordnøddeolie

120 ml/4 fl oz/¬Ω kop kyllingebouillon

10 ml/2 tsk majsstivelse (majsstivelse)

5 ml/1 tsk sojasovs

Bland kuller, rejer, purløg, salt og peber. Skær stilkene af peberfrugten og fjern midten. Fyld peberfrugterne med skaldyrsblandingen, varm olien op og tilsæt peberfrugt og bouillon. Bring i kog, læg låg på og kog i 15 minutter. Overfør peberfrugterne til et opvarmet serveringsfad. Bland majsstivelse, sojasovs og lidt vand og rør i gryden. Bring i kog og kog under omrøring, indtil saucen lysner og tykner.

Kuller med sorte bønnesauce

til 4 personer

15 ml/1 spsk jordnøddeolie

2 fed hvidløg, knust

1 skive hakket ingefærrod

15 ml / 1 spsk sort bønnesauce

2 løg i kvarte

1 bladselleri, skåret i skiver

450 g/1 lb kullerfilet

15 ml/1 spsk sojasovs

15 ml / 1 spsk risvin eller tør sherry

250 ml/8 oz/1 kop kyllingebouillon

Varm olivenolien op og svits hvidløg, ingefær og sorte bønnesauce, indtil de er let brunede. Tilsæt løg og selleri og svits i 2 minutter. Tilsæt kuller og svits i cirka 4 minutter på hver side eller indtil fisken er gennemstegt. Tilsæt sojasovs, vin eller sherry og hønsebouillon, bring det i kog, læg låg på og lad det simre i 3 minutter.

Fisk i brun sauce

til 4 personer

4 kuller eller lignende fisk

45 ml/3 spsk jordnøddeolie

2 spidskål (purløg), hakket

2 skiver hakket ingefærrod

5 ml/1 tsk sojasovs

2,5 ml/½ cc vineddike

2,5 ml/½ cc risvin eller tør sherry

2,5 ml/½ c. sukker

friskkværnet peber

2,5 ml/½ c. sesamolie

Pil fisken og skær den i store stykker. Varm olivenolien op og svits purløg og ingefær i 30 sekunder. Tilsæt fisken og steg den let brunet på begge sider. Tilsæt sojasovsen, vineddike, vin eller sherry, sukker og peber og kog i 5 minutter, indtil saucen tykner. Server overhældt med sesamolie.

fem krydderier fisk

til 4 personer

450 g/1 lb kullerfilet

5 ml/1 tsk fem krydderier pulver

5 ml/1 tsk salt

30ml/2 spsk jordnøddeolie

2 fed hvidløg, knust

2 skiver hakket ingefærrod

30 ml/2 spsk risvin eller tør sherry

15 ml/1 spsk sojasovs

10 ml/2 tsk sesamolie

Gnid kullerfileterne med femkrydderipulveret og salt. Varm olien op og steg fisken, indtil den er let brunet på begge sider, og tag den derefter af panden. Tilsæt hvidløg, ingefær, vin eller sherry, sojasovs og sesamolie og sauter i 1 minut. Kom fisken tilbage i gryden og kog langsomt, indtil fisken er mør.

Hvidløg kuller

til 4 personer

450 g/1 lb kullerfilet

5 ml/1 tsk salt

30 ml/2 spsk majsstivelse (majsstivelse)

60 ml/4 spsk jordnøddeolie

6 fed hvidløg

2 skiver ingefærrod, knust

45 ml/3 spsk vand

30ml/2 spsk sojasovs

15 ml / 1 spsk gul bønnesauce

15 ml / 1 spsk risvin eller tør sherry

15 ml / 1 spsk brun farin

Drys kuller med salt og drys med majsstivelse. Varm olien op og steg fisken gylden på begge sider, tag den derefter af panden. Tilsæt hvidløg og ingefær og svits i 1 minut. Tilsæt resten af ingredienserne, bring det i kog, dæk til og kog i 5 minutter. Kom fisken tilbage i gryden, læg låg på og kog den, indtil den er mør.

krydret fisk

til 4 personer

450 g/1 lb kullerfilet, i tern

1 citronsaft

30ml/2 spsk sojasovs

30 ml/2 spsk østerssauce

15 ml / 1 spsk citronskal

knivspids ingefær i pulverform

salt og peber

2 æggehvider

45 ml / 3 spsk majsmel (majsstivelse)

6 tørrede kinesiske svampe

fritureolie

5 forårsløg (spidskål), skåret i strimler

1 stilk selleri, skåret i strimler

100 g/4 oz bambusskud, skåret i strimler

250 ml/8 oz/1 kop kyllingebouillon

5 ml/1 tsk fem krydderier pulver

Læg fisken i en skål og dryp med citronsaft. Bland sojasauce, østerssauce, citronskal, ingefær, salt, peber, æggehvider og alt undtagen 1 tsk/5 ml majsstivelse. At forlade mariner i 2 timer under omrøring af og til. Udblød svampene i varmt vand i 30 minutter og dræn derefter. Kassér stilkene og skær toppen af. Varm olien op og steg fisken et par minutter til den er gylden. Fjern fra bradepanden. Tilsæt grøntsagerne og steg indtil de er bløde, men stadig sprøde. Hæld olien i. Bland hønsebouillonen med den resterende majsstivelse, tilsæt grøntsagerne og bring det i kog. Kom fisken tilbage i gryden, krydr med 5-krydderipulver og opvarm igen inden servering.

Ginger Haddock med Pak Soi

til 4 personer

450 g/1 lb kullerfilet

salt og peber

225 g/8 oz selvindpakning

30ml/2 spsk jordnøddeolie

1 skive hakket ingefærrod

1 hakket løg

2 tørrede røde chilier

5 ml/1 tsk honning

10 ml/2 tsk ketchup (ketchup)

10 ml/2 tsk malteddike

30ml/2 spsk tør hvidvin

10 ml/2 tsk sojasovs

10 ml/2 tsk fiskesauce

10 ml/2 tsk østerssauce

5 ml/1 tsk rejepasta

Skræl kuller og skær den i 2 cm/¬æ stykker. Drys med salt og peber. Skær kålen i små stykker. Varm olien op og svits ingefær og løg i 1 minut. Tilsæt kål og peber og sauter i 30 sekunder. Tilsæt honning, tomat ketchup, eddike og vin. Tilsæt kuller og kog i 2 minutter. Bland soja-, fiske- og østerssauce og rejepasta og lad det simre, indtil kulleren er kogt.

Kuller fletninger

til 4 personer

450 g/1 lb kullerfilet uden skind

salt

5 ml/1 tsk fem krydderier pulver

saft af 2 citroner

5 ml/1 tsk stødt anis

5 ml/1 tsk friskkværnet peber

30ml/2 spsk sojasovs

30 ml/2 spsk østerssauce

15 ml/1 spsk honning

60 ml/4 spsk hakket purløg

8,Äì10 spinatblade

45 ml/3 spsk vineddike

Skær fisken i lange tynde strimler og form til måtter, drys med salt, femkrydderipulver og citronsaft og kom over i en skål. Bland anis, peber, sojasauce, østerssauce, honning og purløg, hæld over fisken og lad det marinere i mindst 30 minutter. Beklæd dampkurven med spinatblade, læg måtterne ovenpå, dæk til og damp i let kogende vand med eddike i cirka 25 minutter.

Dampede fiskeruller

til 4 personer

450 g/1 lb kullerfileter, uden skind og i tern

1 citronsaft

30ml/2 spsk sojasovs

30 ml/2 spsk østerssauce

30 ml/2 spsk blommesauce

5 ml/1 tsk risvin eller tør sherry

salt og peber

6 tørrede kinesiske svampe

100 g/4 oz bønnespirer

100 g/4 oz grønne ærter

2 oz/¬Ω kop/50 g hakkede valnødder

1 æg, pisket

30 ml/2 spsk majsstivelse (majsstivelse)

8 oz/225 g blancheret kinakål

Læg fisken i en skål. Bland citronsaft, soja-, østers- og sveskesauce, vin eller sherry og salt og peber. Hæld over fisken og lad den marinere i 30 minutter. Tilsæt grøntsager, nødder, æg og majsstivelse og bland godt. Læg 3 kinesiske blade oven på hinanden, drys med lidt af fiskeblandingen og glide. Fortsæt indtil alle ingredienser er brugt op. Læg rullerne i en dampkoger, dæk til og kog ved svag varme i 30 minutter.

Helleflynder i tomatsauce

til 4 personer

450 g/1 lb helleflynderfileter

salt

15 ml / 1 spsk sort bønnesauce

1 fed hvidløg, knust

2 spidskål (purløg), hakket

2 skiver hakket ingefærrod

15 ml / 1 spsk risvin eller tør sherry

15 ml/1 spsk sojasovs

200 g dåsetomater, afdryppede

30ml/2 spsk jordnøddeolie

Drys hellefisken rigeligt med salt og lad den hvile i 1 time. Skyl saltet af og dup det tørt. Læg fisken i en varmefast skål og dryp med sort bønnesauce, hvidløg, spidskål, ingefær, vin eller sherry, sojasovs og tomater. Stil skålen på en rist i en dampkoger, dæk til og kog i 20 minutter i kogende vand, indtil fisken er kogt. Varm olien op til den næsten ryger og drys over fisken inden servering.

Havtaske med broccoli

til 4 personer

450 g/1 lb havtaskehale, i tern

salt og peber

45 ml/3 spsk jordnøddeolie

2 oz/50 g svampe, skåret i skiver

1 lille gulerod, skåret i strimler

1 fed hvidløg, knust

2 skiver hakket ingefærrod

45 ml/3 spsk vand

275 g/10 oz broccolibuketter

5 ml/1 tsk sukker

5 ml/1 tsk majsstivelse (majsstivelse)

45 ml/3 spsk vand

Krydr havtaske godt med salt og peber. Opvarm 30 ml/2 spsk olie og steg havtaske, champignon, gulerod, hvidløg og ingefær let brunet. Tilsæt vandet og fortsæt med at simre uden låg ved svag varme. Blancher imens broccolien i kogende vand, indtil den er mør, og dryp den godt af. Varm den resterende olie op og svits broccoli og sukker med et nip salt, indtil broccolien er godt dækket af olien. Organiser omkring en serveringsfad. Bland majsstivelse og vand, indtil det danner en pasta, bland med fisken og kog under omrøring, indtil saucen tykner. Hæld broccoli over og server med det samme.

Rød multe i tyk sojasovs

til 4 personer

1 multe

fritureolie

30ml/2 spsk jordnøddeolie

2 spidskål (spidskål), skåret i skiver

2 skiver ingefærrod, revet

1 rød peberfrugt, revet

250 ml/8 oz/1 kop fiskebouillon

15 ml/1 spsk tyk sojasovs

15 ml/1 spsk friskkværnet hvid

peber

15 ml / 1 spsk risvin eller tør sherry

Skær fisken af og skær den diagonalt på hver side. Varm olien op og steg fisken til den er halvstegt. Fjern fra olien og dræn godt. Varm olien op og svits purløg, ingefær og peber i 1 minut. Tilsæt resten af ingredienserne, bland godt og bring det i kog. Tilsæt fisken og kog langsomt uden låg, indtil fisken er gennemstegt og væsken næsten er fordampet.

vestsøfisk

til 4 personer

1 multe

30ml/2 spsk jordnøddeolie

4 spidskål (purløg), hakket

1 rød peberfrugt, hakket

4 skiver ingefærrod, revet

45 ml/3 spsk brun farin

30 ml/2 spsk rødvinseddike

30 ml/2 spsk vand

30ml/2 spsk sojasovs

friskkværnet peber

Rens og skær fisken og lav 2 eller 3 diagonale snit på hver side. Varm olivenolien op og svits halvdelen af forårsløg, chili og ingefær i 30 sekunder. Tilsæt fisken og steg den let brunet på begge sider. Tilsæt sukker, vineddike, vand, sojasovs og peber, bring det i kog, læg låg på og lad det simre i cirka 20 minutter, indtil fisken er gennemstegt og saucen reduceret. Server pyntet med de resterende purløg.

stegt skrubber

til 4 personer

4 tungefileter
salt og friskkværnet peber
30ml/2 spsk jordnøddeolie
1 skive hakket ingefærrod
1 fed hvidløg, knust
salatblade

Krydr tungen rigeligt med salt og peber. Varm olivenolien op og svits ingefær og hvidløg i 20 sekunder. Tilsæt fisken og steg til den er gennemstegt og gylden. Dræn godt af og server på en salatbund.

Dampet skrubber med kinesiske svampe

til 4 personer

4 tørrede kinesiske svampe
450 g/1 lb rødspættefileter, i tern
1 fed hvidløg, knust
1 skive hakket ingefærrod
15 ml/1 spsk sojasovs
15 ml / 1 spsk risvin eller tør sherry
5 ml/1 tsk brun farin
350 g/12 oz kogte langkornede ris

Udblød svampene i varmt vand i 30 minutter og dræn derefter. Kassér stilkene og hak toppen. Bland med rødspætter, hvidløg, ingefær, sojasovs, vin eller sherry og sukker, dæk til og mariner i 1 time. Læg risene i en dampkoger og læg fisken over. Damp i cirka 30 minutter, indtil fisken er kogt.

hvidløgssål

til 4 personer

350 g/12 oz rødspættefileter

salt

45 ml / 3 spsk majsmel (majsstivelse)

1 æg, pisket

60 ml/4 spsk jordnøddeolie

3 fed hvidløg, hakket

4 spidskål (purløg), hakket

15 ml / 1 spsk risvin eller tør sherry

5 ml/1 tsk sesamolie

Skræl rødspætten og skær den i strimler. Drys med salt og lad hvile i 20 minutter. Drys fisken med majsstivelse og dyp den i ægget. Varm olien op og steg fiskestrimlerne i cirka 4 minutter til de er gyldne. Tag af panden og afdryp på køkkenrulle. Hæld alt undtagen 1 tsk/5ml olie fra panden og tilsæt de resterende ingredienser. Bring i kog under omrøring og kog i 3 minutter. Hæld over fisken og server med det samme.

Skrubbe med ananassauce

til 4 personer

450 g/1 lb rødspættefileter

5 ml/1 tsk salt

30ml/2 spsk sojasovs

200 g / 7 oz dåse ananas bidder

2 æg, pisket

100 g/4 oz/¬Ω kop majsmel (majsstivelse)

fritureolie

30 ml/2 spsk vand

5 ml/1 tsk sesamolie

Skær rødspætterne i strimler og læg dem i en skål. Drys med salt, sojasovs og 2 spsk/30 ml ananasjuice og lad hvile i 10 minutter. Pisk æggene med 45 ml/3 spiseskefulde majsstivelse, indtil der dannes en pasta, og dyp fisken i pastaen. Varm olien op og steg fisken gylden. Dræn madlavningspeberen i. Kom den resterende ananasjuice i en lille gryde. Bland 30ml/2 spsk majsstivelse med vandet og rør i gryden. Bring det i kog og kog under omrøring, indtil det er tyknet. Tilsæt halvdelen af ananasstykkerne og varm igennem. Lige inden servering røres sesamolien i. Anret den kogte fisk i en opvarmet portion tallerken og pynt med den reserverede ananas. Hæld den varme sauce i og server med det samme.

Tofu laks

til 4 personer

120 ml/4 fl oz/¬Ω kop jordnøddeolie

450 g/1 lb tofu i tern

2,5 ml/¬Ω c. sesamolie

100 g/4 oz hakket laksefilet

skvæt pebersauce

250 ml/8 oz/1 kop fiskebouillon

15 ml/1 spsk majsstivelse (majsstivelse)

45 ml/3 spsk vand

2 spidskål (purløg), hakket

Varm olien op og steg tofuen, indtil den er let brunet. Fjern fra bradepanden. Varm olie og sesamolie op og svits laks og chilisauce i 1 minut. Tilsæt bouillon, bring det i kog og kom tofuen tilbage i gryden. Kog langsomt, uden låg, indtil ingredienserne er kogte og væsken reduceret. Bland majsstivelse og vand for at lave en pasta. Tilsæt lidt ad gangen og kog under omrøring, indtil blandingen tykner. Du behøver muligvis ikke alt majsmelsdejen, hvis du lader væsken reducere. Overfør til et opvarmet serveringsfad og drys med purløg.

Stegt marineret fisk

til 4 personer

450 g/1 lb brisling eller andre små fisk, renset
3 skiver hakket ingefærrod
120 ml/4 fl oz/¬Ω kop sojasovs
15 ml / 1 spsk risvin eller tør sherry
1 fed stjerneanis
fritureolie
15 ml/1 spsk sesamolie

Læg fisken i en skål. Bland ingefær, sojasovs, vin eller sherry og anis, hæld over fisken og lad hvile i 1 time, vend af og til. Dræn fisken, kassér marinaden. Varm olien op og steg fisken i omgange, indtil den er sprød og gylden. Afdryp på køkkenrulle og server overhældt med sesamolie.

ørred med gulerod

til 4 personer

15 ml/1 spsk jordnøddeolie
1 fed hvidløg, knust
1 skive hakket ingefærrod
4 ørreder
2 gulerødder, skåret i strimler
25 g/1 oz bambusskud, skåret i strimler
25 g/1 oz vandkastanjer, skåret i strimler
15 ml/1 spsk sojasovs
15 ml / 1 spsk risvin eller tør sherry

Varm olivenolien op og svits hvidløg og ingefær, indtil de er let brunede. Tilsæt fisken, læg låg på og sauter indtil fisken er uigennemsigtig. Tilsæt gulerødder, bambusskud, kastanjer, sojasovs og vin eller sherry, rør forsigtigt, læg låg på og kog i cirka 5 minutter.

stegte ørreder

til 4 personer

4 ørreder, renset og skælvet

2 æg, pisket

50 g/2 oz/¬Ω kop almindeligt mel (all-purpose)

fritureolie

1 citron, skåret i skiver

Skær fisken diagonalt flere gange på hver side. Dyp i sammenpisket æg og rør mel i, så det dækker godt. Ryst eventuelt overskydende af. Varm olien op og steg fisken i cirka 10-15 minutter, indtil den er gennemstegt. Afdryp på køkkenrulle og server med citron.

Ørred med citronsauce

til 4 personer

450 ml/¬œ pt/2 dl hønsebouillon

5 cm firkantet citronskal

150 ml/¬° pt/¬Ω generøs kop citronsaft

90 ml/6 spsk brun farin

2 skiver ingefærrod, skåret i strimler

30 ml/2 spsk majsstivelse (majsstivelse)

4 ørreder

375 g/12 oz/3 kopper almindeligt mel (all-purpose)

6 fl oz/¬œ kop vand

fritureolie

2 æggehvider

8 forårsløg (spidskål), skåret i tynde skiver

For at lave saucen, pisk bouillon, citronskal og -saft og sukker sammen i 5 minutter. Fjern fra varmen, si og vend tilbage til gryden. Bland majsstivelsen med lidt vand og hæld det i gryden. Kog i 5 minutter under konstant omrøring. Fjern fra varmen og hold saucen varm.

Smør fisken let på begge sider med lidt mel. Pisk det resterende mel med vand og 2 tsk/10 ml olie, indtil det er glat. Pisk æggehviderne stive, men ikke tørre, og vend dem i dejen. Opvarm den resterende olie. Dyp fisken i dejen for at dække den helt. Kog fisken i cirka 10 minutter, vend én gang, indtil den er gennemstegt og gylden. Afdryp på køkkenrulle. Anret fisken på et opvarmet fad. Bland forårsløgene i den varme sauce, hæld over fisken og server med det samme.

kinesisk tun

til 4 personer

30ml/2 spsk jordnøddeolie

1 hakket løg

200 g tun på dåse, afdryppet og i flager

2 hakkede selleristængler

100 g/4 oz hakkede svampe

1 grøn peberfrugt, hakket

250 ml/8 oz/1 kop bouillon

30ml/2 spsk sojasovs

100 g tynde ægnudler

salt

15 ml/1 spsk majsstivelse (majsstivelse)

45 ml/3 spsk vand

Varm olien op og svits løget til det er blødt. Tilsæt tun og rør, indtil den er godt dækket med olie. Tilsæt selleri, champignon og peber og sauter i 2 minutter. Tilsæt bouillon og sojasovs, bring det i kog, læg låg på og lad det simre i 15 minutter. Kog imens pastaen i kogende saltet vand i cirka 5 minutter, indtil den er mør, dryp godt af og anret den i et lunt fad.

plade. Bland majsstivelse og vand, rør blandingen i tunsaucen og kog under omrøring, indtil saucen lysner og tykner.

Marinerede fiskebøffer

til 4 personer

4 hvilling- eller kullerbøffer
2 fed hvidløg, knust
2 skiver ingefærrod, knust
3 spidskål (purløg), hakket
15 ml / 1 spsk risvin eller tør sherry
15 ml / 1 spsk vineddike
salt og friskkværnet peber
45 ml/3 spsk jordnøddeolie

Læg fisken i en skål. Bland hvidløg, ingefær, forårsløg, vin eller sherry, vineddike, salt og peber, hæld over fisken, læg låg på og lad det marinere i flere timer. Fjern fisken fra marinaden. Varm olien op og steg fisken gylden på begge sider, tag den derefter af panden. Kom marinaden i gryden, bring det i kog, og kom derefter fisken tilbage i gryden og lad den simre, indtil den er gennemstegt.

rejer med mandler

til 4 personer

100 g / 4 oz mandler

8 oz/225 g store afskallede rejer

2 skiver hakket ingefærrod

15 ml/1 spsk majsstivelse (majsstivelse)

2,5 ml/¬Ω cc salt

30ml/2 spsk jordnøddeolie

2 fed hvidløg

2 hakkede selleristængler

5 ml/1 tsk sojasovs

5 ml/1 tsk risvin eller tør sherry

30 ml/2 spsk vand

Rist mandlerne i en tør stegepande, til de er let brune, og sæt dem til side. Pil rejerne, lad halerne sidde og skær dem i halve på langs op til halen. Bland med ingefær, majsstivelse og salt. Varm olivenolien op og svits hvidløget, indtil det er let brunet, og kassér derefter hvidløget. Tilsæt selleri, sojasovs, vin eller sherry og vand i gryden og bring det i kog. Tilsæt rejerne og sauter indtil de er gennemvarme. Server drysset med ristede mandler.

Anis rejer

til 4 personer

45 ml/3 spsk jordnøddeolie

15 ml/1 spsk sojasovs

5 ml/1 tsk sukker

120 ml/4 fl oz/¬Ω kop fiskebouillon

knivspids formalet anis

450 g/1 lb pillede rejer

Varm olien op, tilsæt sojasauce, sukker, bouillon og anis og bring det i kog. Tilsæt rejerne og kog i et par minutter, indtil de er varme og duftende.

rejer med asparges

til 4 personer

450 g/1 lb asparges, skåret i stykker

45 ml/3 spsk jordnøddeolie

2 skiver hakket ingefærrod

15 ml/1 spsk sojasovs

15 ml / 1 spsk risvin eller tør sherry

5 ml/1 tsk sukker

2,5 ml/¬Ω cc salt

225 g afskallede rejer

Blancher aspargesene i kogende vand i 2 minutter og dryp dem godt af. Varm olien op og svits ingefæren i et par sekunder. Tilsæt asparges og bland godt med olien. Tilsæt sojasovs, vin eller sherry, sukker og salt og varm op. Tilsæt rejerne og rør ved svag varme, indtil aspargesene er møre.

rejer med bacon

til 4 personer

450 g store afskallede rejer

100 g/4 oz bacon

1 æg, let pisket

2,5 ml/¬Ω cc salt

15 ml/1 spsk sojasovs

50 g/2 oz/¬Ω kop majsmel (majsstivelse)

fritureolie

Pil rejerne, og lad halerne være intakte. Skær i to på langs til halen. Skær baconen i små firkanter. Tryk et stykke bacon ind i midten af hver reje og pres de to halvdele sammen. Pisk ægget med salt og sojasovs. Dyp rejerne i ægget og drys med majsstivelse. Varm olien op og steg rejerne til de er sprøde og gyldne.

rejefrikadeller

til 4 personer

3 tørrede kinesiske svampe

450 g/1 lb finthakkede rejer

6 finthakkede vandkastanjer

1 forårsløg (skalotteløg), finthakket

1 skive ingefærrod, finthakket

salt og friskkværnet peber

2 æg, pisket

15 ml/1 spsk majsstivelse (majsstivelse)

50 g/2 oz/¬Ω kop almindeligt mel (all-purpose)

peanut (peanut) olie til stegning

Udblød svampene i varmt vand i 30 minutter og dræn derefter. Kassér stilkene og hak toppen fint. Bland med rejer, vandkastanjer, forårsløg og ingefær og smag til med salt og peber. Bland 1 æg og 1 tsk/5ml majsmel til kugler på størrelse med en dyngede teskefuld.

Pisk det resterende æg, majsstivelse og mel og tilsæt nok vand til at lave en tyk, glat dej. Rul kuglerne ind

At banke. Varm olien op og steg i et par minutter, indtil den er let brunet.

Grillede rejer

til 4 personer

450 g/1 lb store rejer, pillede

100 g/4 oz bacon

8 oz/225 g kyllingelever, skåret i skiver

1 fed hvidløg, knust

2 skiver hakket ingefærrod

30ml/2 spsk sukker

120 ml/4 fl oz/¬Ω kop sojasovs

salt og friskkværnet peber

Skær rejerne på langs langs bagsiden uden at skære dem og flad dem lidt. Skær baconen i stykker og læg den i en skål med rejer og kyllingelever. Bland resten af ingredienserne, hæld over rejerne og lad hvile i 30 minutter. Træk rejer, bacon og lever på spyd og grill eller grill i cirka 5 minutter, vend ofte, indtil de er gennemstegte, og drys af og til med marinaden.

Rejer med bambusskud

til 4 personer

60 ml/4 spsk jordnøddeolie

1 fed hvidløg, hakket

1 skive hakket ingefærrod

450 g/1 lb pillede rejer

30 ml/2 spsk risvin eller tør sherry

225 g bambusskud

30ml/2 spsk sojasovs

15 ml/1 spsk majsstivelse (majsstivelse)

45 ml/3 spsk vand

Varm olivenolien op og svits hvidløg og ingefær, indtil de er let brunede. Tilsæt rejerne og sauter i 1 minut. Tilsæt vin eller sherry og bland godt. Tilsæt bambusskuddene og sauter i 5 minutter. Tilsæt resten af ingredienserne og svits i 2 minutter.

Rejer med bønnespirer

til 4 personer

4 tørrede kinesiske svampe

30ml/2 spsk jordnøddeolie

1 fed hvidløg, knust

225 g afskallede rejer

15 ml / 1 spsk risvin eller tør sherry

450 g bønnespirer

120 ml/4 fl oz/¬Ω kop kyllingebouillon

15 ml/1 spsk sojasovs

15 ml/1 spsk majsstivelse (majsstivelse)

salt og friskkværnet peber

2 spidskål (purløg), hakket

Udblød svampene i varmt vand i 30 minutter og dræn derefter. Kassér stilkene og skær toppen af. Varm olivenolien op og svits hvidløget, indtil det er let brunet. Tilsæt rejerne og sauter i 1 minut. Tilsæt vin eller sherry og sauter i 1 minut. Tilsæt champignon og bønnespirer. Kombiner bouillon, sojasovs og majsstivelse og rør i gryden. Bring i kog og kog under omrøring, indtil saucen lysner og tykner. Smag til med salt og peber. Server drysset med purløg.

Rejer i sort bønnesauce

til 4 personer

30ml/2 spsk jordnøddeolie

5 ml/1 tsk salt

1 fed hvidløg, knust

45 ml/3 spsk sort bønnesauce

1 grøn peberfrugt, hakket

1 hakket løg

120 ml/4 fl oz/¬Ω kop fiskebouillon

5 ml/1 tsk sukker

15 ml/1 spsk sojasovs

225 g afskallede rejer

15 ml/1 spsk majsstivelse (majsstivelse)

45 ml/3 spsk vand

Varm olivenolien op og svits salt, hvidløg og sorte bønnesauce i 2 minutter. Tilsæt peber og løg og svits i 2 minutter. Tilsæt bouillon, sukker og sojasovs og bring det i kog. Tilsæt rejerne og kog i 2 minutter. Bland majsmel med vandet, indtil det danner en pasta, tilsæt det til gryden og kog under omrøring, indtil saucen lysner og tykner.

Rejer med selleri

til 4 personer

45 ml/3 spsk jordnøddeolie

3 skiver hakket ingefærrod

450 g/1 lb pillede rejer

5 ml/1 tsk salt

15 ml/1 spsk sherry

4 hakkede selleristængler

100 g/4 oz hakkede mandler

Varm halvdelen af olivenolien op og svits ingefæren let brunet. Tilsæt rejer, salt og sherry og sauter, indtil de er godt dækket af olie, og tag dem af panden. Varm den resterende olivenolie op og svits selleri og mandler i et par minutter, indtil sellerien er mør, men stadig sprød. Kom rejerne tilbage i gryden, bland godt og varm op igen inden servering.

Stegte rejer med kylling

til 4 personer

30ml/2 spsk jordnøddeolie

2 fed hvidløg, knust

225 g/8 oz kogt kylling, skåret i tynde skiver

100 g/4 oz bambusskud, skåret i skiver

100 g/4 oz svampe, skåret i skiver

75 ml/5 spsk fiskefond

225 g afskallede rejer

8 oz/225 g ærter

15 ml/1 spsk majsstivelse (majsstivelse)

45 ml/3 spsk vand

Varm olivenolien op og svits hvidløget, indtil det er let brunet. Tilsæt kylling, bambusskud og svampe og sauter, indtil de er godt dækket af olie. Tilsæt bouillon og bring det i kog. Tilsæt rejer og ærter, læg låg på og kog i 5 minutter. Kombiner majsstivelse og vand til en pasta, rør i en gryde og kog under omrøring, indtil saucen lysner og tykner. Server straks.

peber rejer

til 4 personer

450 g/1 lb pillede rejer

1 æggehvide

10 ml/2 tsk majsstivelse (majsstivelse)

5 ml/1 tsk salt

60 ml/4 spsk jordnøddeolie

25 g/1 oz tørret rød peber, trimmet

1 fed hvidløg, knust

5 ml/1 tsk friskkværnet peber

15 ml/1 spsk sojasovs

5 ml/1 tsk risvin eller tør sherry

2,5 ml/¬Ω c. sukker

2,5 ml/¬Ω cc vineddike

2,5 ml/¬Ω c. sesamolie

Læg rejerne i en skål med æggehvide, majsstivelse og salt og lad dem marinere i 30 minutter. Varm olivenolien op og svits peber, hvidløg og peber i 1 minut. Tilsæt rejer og øvrige ingredienser og sauter i et par minutter, indtil rejerne er gennemvarmet og ingredienserne er godt blandet.

Rejer Chop Suey

til 4 personer

60 ml/4 spsk jordnøddeolie

2 spidskål (purløg), hakket

2 fed hvidløg, knust

1 skive hakket ingefærrod

225 g afskallede rejer

100 g/4 oz frosne ærter

100 g/4 oz svampe, halveret

30ml/2 spsk sojasovs

15 ml / 1 spsk risvin eller tør sherry

5 ml/1 tsk sukker

5 ml/1 tsk salt

15 ml/1 spsk majsstivelse (majsstivelse)

Varm 45 ml/3 spsk olie op og svits forårsløg, hvidløg og ingefær, indtil de er let brune. Tilsæt rejerne og sauter i 1 minut. Fjern fra bradepanden. Varm den resterende olivenolie op og svits ærter og svampe i 3 minutter. Tilsæt rejer, sojasovs, vin eller sherry, sukker og salt og sauter i 2 minutter. Bland majsstivelsen med lidt vand, hæld i gryden og kog under omrøring, indtil saucen lysner og tykner.

Reje Chow Mein

til 4 personer

450 g/1 lb pillede rejer

15 ml/1 spsk majsstivelse (majsstivelse)

15 ml/1 spsk sojasovs

15 ml / 1 spsk risvin eller tør sherry

4 tørrede kinesiske svampe

30ml/2 spsk jordnøddeolie

5 ml/1 tsk salt

1 skive hakket ingefærrod

100 g/4 oz kinakål, skåret i skiver

100 g/4 oz bambusskud, skåret i skiver

Stegte nudler

Bland rejerne med majsstivelse, sojasovs og vin eller sherry og lad det hvile under omrøring af og til. Udblød svampene i varmt vand i 30 minutter og dræn derefter. Kassér stilkene og skær toppen af. Varm olien op og svits salt og ingefær i 1 minut. Tilsæt kål og bambusskud og rør, indtil det er dækket af olie. Dæk til og kog i 2 minutter. Tilsæt rejer og marinade og sauter i 3 minutter. Tilsæt den afdryppede pasta og varm op igen inden servering.

Rejer med zucchini og litchi

til 4 personer

12 kongerejer

salt og peber

10 ml/2 tsk sojasovs

10 ml/2 tsk majsstivelse (majsstivelse)

15 ml/1 spsk jordnøddeolie

4 fed hvidløg, knust

2 røde peberfrugter, hakket

8 oz/225 g zucchini, i tern

2 spidskål (purløg), hakket

12 frøfri litchi

4 fl oz/¬Ω kop/120 ml kokoscreme

10 ml/2 tsk mildt karrypulver

5 ml/1 tsk fiskesauce

Pil rejerne, lad halerne sidde. Drys med salt, peber og sojasovs og overtræk med majsstivelse. Varm olivenolien op og svits hvidløg, peberfrugt og rejer i 1 minut. Tilsæt zucchini, purløg og litchi og sauter i 1 minut. Fjern fra bradepanden. Hæld kokosfløden i gryden, bring det i kog og kog i 2 minutter, indtil den er tyknet. Bland karryen pulver og fiskesauce og smag til med salt og peber. Kom rejer og grøntsagerne tilbage i saucen for at genopvarme før servering.

krabbe rejer

til 4 personer

45 ml/3 spsk jordnøddeolie

3 spidskål (purløg), hakket

1 ingefærrod i skiver, hakket

225 g/8 oz krabbekød

15 ml / 1 spsk risvin eller tør sherry

30 ml/2 spsk kyllinge- eller fiskebouillon

15 ml/1 spsk sojasovs

5 ml/1 tsk brun farin

5 ml/1 tsk vineddike

friskkværnet peber

10 ml/2 tsk majsstivelse (majsstivelse)

225 g afskallede rejer

Opvarm 30 ml/2 spsk olie og svits forårsløg og ingefær let brunet. Tilsæt krabbekødet og svits i 2 minutter. Tilsæt vin eller sherry, bouillon, sojasovs, sukker og eddike og smag til med peber. Sauter i 3 minutter. Bland majsstivelsen med lidt vand og tilsæt saucen. Kog under omrøring, indtil saucen tykner. Varm imens den resterende olie op i en separat gryde og svits rejerne i et par minutter.

minutter, indtil den er gennemvarmet. Læg krabbeblandingen på et opvarmet fad og pynt med rejerne.

Agurkerejer

til 4 personer

225 g afskallede rejer

salt og friskkværnet peber

15 ml/1 spsk majsstivelse (majsstivelse)

1 agurk

45 ml/3 spsk jordnøddeolie

2 fed hvidløg, knust

1 løg, finthakket

15 ml / 1 spsk risvin eller tør sherry

2 skiver hakket ingefærrod

Smag rejerne til med salt og peber og bland med majsstivelse. Skræl og kerner agurken og skær den i tykke skiver. Varm halvdelen af olivenolien op og svits hvidløg og løg, indtil de er let brunede. Tilsæt rejer og sherry og sauter i 2 minutter, og fjern derefter ingredienserne fra gryden. Varm den resterende olie op og svits ingefæren i 1 minut. Tilsæt agurken og svits i 2 minutter. Kom rejeblandingen tilbage i gryden og sauter, indtil den er godt blandet og gennemvarmet.

Reje karry

til 4 personer

45 ml/3 spsk jordnøddeolie

4 spidskål (spidskål), skåret i skiver

30 ml/2 spsk karrypulver

2,5 ml/¬Ω cc salt

120 ml/4 fl oz/¬Ω kop kyllingebouillon

450 g/1 lb pillede rejer

Varm olivenolien op og svits purløg i 30 sekunder. Tilsæt karry og salt og svits i 1 minut. Tilsæt bouillon, bring i kog og kog under omrøring i 2 minutter. Tilsæt rejerne og varm forsigtigt op.

Rejer og champignon karry

til 4 personer

5 ml/1 tsk sojasovs

5 ml/1 tsk risvin eller tør sherry

225 g afskallede rejer

30ml/2 spsk jordnøddeolie

2 fed hvidløg, knust

1 skive ingefærrod, finthakket

1 løg i kvarte

100 g / 4 oz knapsvampe

100 g friske eller frosne ærter

15 ml/1 spsk karrypulver

15 ml/1 spsk majsstivelse (majsstivelse)

150 ml/¬° pt/¬Ω generøs kop hønsebouillon

Kombiner sojasovs, vin eller sherry og rejer. Varm olivenolien op med hvidløg og ingefær og svits den let brunet. Tilsæt løg, svampe og ærter og svits i 2 minutter. Tilsæt karry og majsstivelse og sauter i 2 minutter. Tilsæt bouillonen lidt efter lidt, bring det i kog, læg låg på og kog i 5 minutter under omrøring af og til. Tilsæt rejer og marinade, læg låg på og kog i 2 minutter.

stegte rejer

til 4 personer

450 g/1 lb pillede rejer

30 ml/2 spsk risvin eller tør sherry

5 ml/1 tsk salt

fritureolie

soya sovs

Smid rejerne i vinen eller sherryen og drys med salt. Lad det hvile i 15 minutter, dræn derefter og tør. Varm olien op og steg rejerne i et par sekunder, indtil de er sprøde. Server overhældt med sojasovs.

Stegte panerede rejer

til 4 personer

50 g/2 oz/¬Ω kop almindeligt mel (all-purpose)

2,5 ml/¬Ω cc salt

1 æg, let pisket

30 ml/2 spsk vand

450 g/1 lb pillede rejer

fritureolie

Pisk mel, salt, æg og vand til en dej, tilsæt evt. lidt vand. Bland med rejerne, indtil de er godt dækket. Varm olien op og steg rejerne i et par minutter, til de er sprøde og gyldne.

Rejefrikadeller i tomatsauce

til 4 personer

900 g afskallede rejer

450 g/1 lb hakket torsk (kværnet)

4 æg, pisket

50 g/2 oz/¬Ω kop majsmel (majsstivelse)

2 fed hvidløg, knust

30ml/2 spsk sojasovs

15 ml/1 spsk sukker

15 ml/1 spsk jordnøddeolie

Til saucen:

30ml/2 spsk jordnøddeolie

100 g purløg (purløg), hakket

100 g/4 oz hakkede svampe

100 g/4 oz skinke, hakket

2 hakkede selleristængler

200 g/7 oz tomater, skrællet og hakket

300 ml/¬Ω pt/1¬° kopper vand

salt og friskkværnet peber

15 ml/1 spsk majsstivelse (majsstivelse)

Hak rejerne fint og bland med torsken. Tilsæt æg, majsstivelse, hvidløg, sojasovs, sukker og olie. Bring en stor gryde vand i kog og kom skefulde af blandingen i gryden. Vend tilbage til varmen og steg i et par minutter, indtil frikadellerne kommer op til overfladen. Tør godt. For at lave saucen, opvarm olivenolien og sauter purløg, indtil det er blødt, men ikke brunet. Tilsæt svampene og sauter i 1 minut, tilsæt skinke, selleri og tomater og sauter i 1 minut. Tilsæt vand, bring det i kog og smag til med salt og peber. Dæk til og kog i 10 minutter under omrøring af og til. Bland majsstivelsen med lidt vand og rør det i saucen. Kog i et par minutter under omrøring, indtil saucen lysner og tykner. Server med frikadeller.

Rejer og æggebæger

til 4 personer

15 ml/1 spsk sesamolie

8 pillede rejer

1 rød peberfrugt, hakket

2 spidskål (purløg), hakket

30 ml/2 spsk hakket abalone (valgfrit)

8 æg

15 ml/1 spsk sojasovs

salt og friskkværnet peber

et par kviste fladbladet persille

Brug sesamolie til at smøre 8 ramekins. Læg en reje på hver tallerken med lidt peber, purløg og abalone, hvis du bruger. Knæk et æg i hver skål og smag til med sojasovs, salt og peber. Læg ramekinerne på en bageplade og sæt dem i en forvarmet ovn ved 200°C/400°F/termostat 6 i ca. 15 minutter, indtil æggene er sat og let sprøde på ydersiden. Læg dem forsigtigt på et opvarmet fad og pynt med persille.

Imperial ruller med rejer

til 4 personer

225 g / 8 oz bønnespirer

30ml/2 spsk jordnøddeolie

4 hakkede selleristængler

100 g/4 oz hakkede svampe

8 oz/225 g pillede rejer, hakket

15 ml / 1 spsk risvin eller tør sherry

2,5 ml/¬Ω cc majsmel (majsstivelse)

2,5 ml/¬Ω cc salt

2,5 ml/¬Ω c. sukker

12 forårsrulleskaller

1 æg, pisket

fritureolie

Blancher bønnespirerne i kogende vand i 2 minutter, og dræn derefter. Varm olivenolien op og svits sellerien i 1 minut. Tilsæt svampene og svits i 1 minut. Tilsæt rejer, vin eller sherry, majsstivelse, salt og sukker og sauter i 2 minutter. Lad afkøle.

Læg lidt fyld i midten af hvert skind og pensl kanterne med sammenpisket æg. Fold kanterne og rul rullen væk fra dig, og forsegl kanterne med ægget. Varm olien op og steg til den er gylden.

orientalske rejer

til 4 personer

16,Äì20 pillede rejer

1 citronsaft

120 ml/4 fl oz/¬Ω kop tør hvidvin

30ml/2 spsk sojasovs

30 ml/2 spsk honning

15 ml / 1 spsk citronskal

salt og peber

45 ml/3 spsk jordnøddeolie

1 fed hvidløg, hakket

6 forårsløg (spidskål), skåret i strimler

2 gulerødder, skåret i strimler

5 ml/1 tsk fem krydderier pulver

5 ml/1 tsk majsstivelse (majsstivelse)

Bland rejerne med citronsaft, vin, sojasovs, honning og citronskal og smag til med salt og peber. Dæk til og lad marinere i 1 time. Varm olivenolien op og svits hvidløget, indtil det er let brunet. Tilsæt grøntsagerne og sauter indtil de er bløde, men stadig sprøde. Dræn rejerne, kom dem i gryden og sauter i 2 minutter. Bred vifte marinaden og bland med femkrydderipulveret og majsstivelsen. Tilsæt til wokken, bland godt og bring det i kog.

Foo Yung rejer

til 4 personer

6 æg, pisket

45 ml / 3 spsk majsmel (majsstivelse)

225 g afskallede rejer

100 g/4 oz svampe, skåret i skiver

5 ml/1 tsk salt

2 spidskål (purløg), hakket

45 ml/3 spsk jordnøddeolie

Pisk æggene og tilsæt derefter majsstivelsen. Tilsæt alle de resterende ingredienser undtagen olie. Varm olien op og hæld blandingen gradvist i gryden for at få pandekager ca. 7,5 cm i diameter. Steg til undersiden er gylden, vend derefter og brun den anden side.

Stegte rejer

til 4 personer

12 store rå rejer

1 æg, pisket

30 ml/2 spsk majsstivelse (majsstivelse)

knivspids salt

knivspids peber

3 skiver brød

1 kogt æggeblomme (hård), hakket

25 g/1 oz kogt skinke, hakket

1 purløg (grønt løg), hakket

fritureolie

Fjern skaller og årer fra ryggen af rejerne, og lad halerne være intakte. Skær bagsiden af rejerne med en skarp kniv og flad dem forsigtigt. Pisk æg, majsstivelse, salt og peber. Smid rejerne i blandingen, indtil de er helt dækket. Fjern skorperne fra brødet og skær det i kvarte. Læg en reje med skæresiden nedad på hvert stykke og tryk ned. Pensl hver reje med lidt af æggeblandingen og drys med æggeblomme, skinke og purløg. Varm olien op og steg rejebrødsstykkerne i omgange, indtil de er gyldenbrune. Afdryp på køkkenrulle og server varm.

Sauterede rejer i sauce

til 4 personer

75 g/3 oz/½ kop majsmel (majsstivelse)

¬Ω æg, pisket

5 ml/1 tsk risvin eller tør sherry

salt

450 g/1 lb pillede rejer

45 ml/3 spsk jordnøddeolie

5 ml/1 tsk sesamolie

1 fed hvidløg, knust

1 skive hakket ingefærrod

3 spidskål (spidskål), skåret i skiver

15 ml/1 spsk fiskebouillon

5 ml/1 tsk vineddike

5 ml/1 tsk sukker

Bland majsstivelse, æg, vin eller sherry og en knivspids salt til en pasta. Dyp rejerne i dejen, så de er let belagte. Varm olien op og steg rejerne til de er sprøde udenpå. Tag dem af panden og dræn olien af. Varm sesamolien på panden, tilsæt rejer, hvidløg, ingefær og purløg og sauter i 3 minutter. Tilsæt bouillon, vineddike og sukker, bland godt og varm op inden servering.

Pocherede rejer med skinke og tofu

til 4 personer

30ml/2 spsk jordnøddeolie

8 oz/225 g tofu, i tern

600 ml/1 pt/2 Ω kopper hønsebouillon

100 g/4 oz røget skinke, i tern

225 g afskallede rejer

Varm olien op og steg tofuen, indtil den er let brunet. Fjern fra panden og afdryp. Varm bouillonen op, tilsæt tofu og skinke og kog ved svag varme i cirka 10 minutter, indtil tofuen er kogt. Tilsæt rejerne og kog i yderligere 5 minutter, indtil de er gennemvarme. Server i dybe skåle.

Rejer med hummersauce

til 4 personer

45 ml/3 spsk jordnøddeolie

2 fed hvidløg, knust

5 ml/1 tsk hakkede sorte bønner

100 g hakket svinekød (hakket)

450 g/1 lb pillede rejer

15 ml / 1 spsk risvin eller tør sherry

300 ml/¬Ω pt/1¬° kopper hønsebouillon

30 ml/2 spsk majsstivelse (majsstivelse)

2 æg, pisket

15 ml/1 spsk sojasovs

2,5 ml/¬Ω cc salt

2,5 ml/¬Ω c. sukker

2 spidskål (purløg), hakket

Varm olivenolien op og svits hvidløg og sorte bønner, indtil hvidløget er let brunet. Tilsæt svinekødet og sauter indtil det er brunet. Tilsæt rejerne og sauter i 1 minut. Tilsæt sherryen, læg låg på og kog i 1 minut. Tilsæt bouillon og majsstivelse, bring i kog under omrøring, læg låg på og kog i 5 minutter. Tilsæt æggene under konstant omrøring for at danne strenge. Tilsæt soja sauce, salt, sukker og purløg og kog et par minutter inden servering.

syltet abalone

til 4 personer

450 g/1 lb dåse abalone

45 ml/3 spsk sojasovs

30 ml/2 spsk vineddike

5 ml/1 tsk sukker

et par dråber sesamolie

Dræn abalonen og skær den i tynde skiver eller strimler. Kombiner de resterende ingredienser, hæld over abalone og bland godt. Dæk til og stil på køl i 1 time.

Braiserede bambusskud

til 4 personer

60 ml/4 spsk jordnøddeolie

8 oz/225 g bambusskud, skåret i strimler

60 ml/4 spsk hønsebouillon

15 ml/1 spsk sojasovs

5 ml/1 tsk sukker

5 ml/1 tsk risvin eller tør sherry

Varm olien op og svits bambusskuddene i 3 minutter. Kombiner bouillon, sojasovs, sukker og vin eller sherry og tilsæt til stegepanden. Dæk til og kog i 20 minutter. Lad køle af og afkøle inden servering.

Agurk kylling

til 4 personer

1 agurk, skrællet og udsået

8 oz/225 g kogt kylling, skåret i stykker

5 ml/1 tsk sennepspulver

2,5 ml/¬Ω cc salt

30 ml/2 spsk vineddike

Skær agurken i strimler og læg den i et lavt fad. Læg kyllingen på den. Bland sennep, salt og vineddike og hæld over kyllingen ved servering.

Sesam kylling

til 4 personer

350 g/12 oz kogt kylling

120 ml/4 fl oz/¬Ω kop vand

5 ml/1 tsk sennepspulver

15 ml / 1 spsk sesamfrø

2,5 ml/¬Ω cc salt

knivspids sukker

45 ml/3 spsk hakket frisk koriander

5 purløg (purløg), hakket

¬Ω salathoved, revet

Riv kyllingen i tynde strimler. Bland nok vand i sennepen til at lave en jævn pasta og bland i kyllingen. Rist sesamfrøene i en tør stegepande, til de er let brune, tilsæt dem til kyllingen og drys med salt og sukker. Tilsæt halvdelen af persille og purløg og bland godt. Anret salaten på et fad, dæk med kyllingeblandingen og pynt med den resterende persille.

ingefær litchi

til 4 personer

1 stor vandmelon, skåret i halve og uden kerner
450 g/1 lb dåse litchi, drænet
2 in/5 cm ingefærstængel, skåret i skiver
nogle mynteblade

Pynt melonhalvdelene med litchi og ingefær, pynt med mynteblade. Stil på køl inden servering.

Kyllingevinger kogt i rødt

til 4 personer

8 kyllingevinger

2 spidskål (purløg), hakket

75 ml/5 spsk sojasovs

120 ml/4 fl oz/¬Ω kop vand

30 ml/2 spsk brun farin

Skær og kassér knoglespidserne fra kyllingevingerne og halver dem. Kom i en gryde med resten af ingredienserne, bring i kog, læg låg på og kog i 30 minutter. Tag låget af og kog i yderligere 15 minutter, mens du drypper ofte. Lad afkøle og stil på køl inden servering.

Agurk Krabbekød

til 4 personer

100 g/4 oz krabbekød, smuldret

2 agurker, skrællet og revet

1 skive hakket ingefærrod

15 ml/1 spsk sojasovs

30 ml/2 spsk vineddike

5 ml/1 tsk sukker

et par dråber sesamolie

Læg krabbekødet og agurkerne i en skål. Kombiner de resterende ingredienser, hæld over krabbekødblandingen og bland godt. Dæk til og stil på køl 30 minutter før servering.

Marinerede svampe

til 4 personer

225 g / 8 oz knapsvampe

30ml/2 spsk sojasovs

15 ml / 1 spsk risvin eller tør sherry

knivspids salt

et par dråber tabasco sauce

et par dråber sesamolie

Blancher svampene i kogende vand i 2 minutter, dræn derefter og dup dem tørre. Kom i en skål og hæld resten af ingredienserne i. Bland godt og stil på køl inden servering.

Marinerede svampe

til 4 personer

225 g / 8 oz knapsvampe

3 fed hvidløg, knust

30ml/2 spsk sojasovs

30 ml/2 spsk risvin eller tør sherry

15 ml/1 spsk sesamolie

knivspids salt

Læg svampe og hvidløg i et dørslag, hæld kogende vand over dem og lad det stå i 3 minutter. Dræn og tør godt. Bland resten af ingredienserne, hæld marinaden over svampene og lad det marinere i 1 time.

rejer og blomkål

til 4 personer

8 oz/225 g blomkålsbuketter

100 g/4 oz pillede rejer

15 ml/1 spsk sojasovs

5 ml/1 tsk sesamolie

Kog blomkålen i cirka 5 minutter, indtil den er mør, men stadig sprød. Bland med rejer, drys med sojasovs og sesamolie og bland. Stil på køl inden servering.

sesamskinke stænger

til 4 personer

225 g/8 oz skinke, skåret i strimler

10 ml/2 tsk sojasovs

2,5 ml/¬Ω c. sesamolie

Anret skinken på et fad. Bland sojasauce og sesamolie, drys skinke over og server.

Kold tofu

til 4 personer

450 g/1 lb tofu, skåret i skiver
45 ml/3 spsk sojasovs
45 ml/3 spsk jordnøddeolie
friskkværnet peber

Læg tofuen, et par skiver ad gangen, i et dørslag og dyk ned i kogende vand i 40 sekunder, dræn derefter og læg den på en tallerken. Lad afkøle. Bland sojasovs og olie, drys tofu over og server drysset med peber.

Kylling med bacon

til 4 personer

8 oz/225 g kylling, meget tynde skiver
75 ml/5 spsk sojasovs
15 ml / 1 spsk risvin eller tør sherry
1 fed hvidløg, knust
15 ml / 1 spsk brun farin
5 ml/1 tsk salt
5 ml/1 tsk hakket ingefærrod
8 oz/225 g magert bacon i tern
100 g/4 oz vandkastanjer, meget tynde skiver
30 ml/2 spsk honning

Læg kyllingen i en skål. Bland 45ml/3 spsk sojasovs med vin eller sherry, hvidløg, sukker, salt og ingefær, hæld over kyllingen og mariner i cirka 3 timer. Træk kylling, bacon og kastanjer på kebabspyd. Bland den resterende sojasovs med honning og pensl over spyddene. Rist (grill) på en varm grill i cirka 10 minutter, indtil de er gennemstegte, vend ofte og pensl med mere topping, mens de koger.

Kylling og stegt banan

til 4 personer

2 kogte kyllingebryst

2 faste bananer

6 skiver brød

4 æg

120 ml/4 fl oz/¬Ω kop mælk

50 g/2 oz/¬Ω kop almindeligt mel (all-purpose)

225 g/8 oz/4 kopper friske brødkrummer

fritureolie

Skær kyllingen i 24 stykker. Skræl bananerne og skær dem i kvarte på langs. Skær hver fjerdedel i tredjedele for at lave 24 stykker. Fjern skorperne fra brødet og skær det i kvarte. Pisk æg og mælk og pensl den ene side af brødet. Læg et stykke kylling og et stykke banan på den ægbelagte side af hvert stykke brød. Beklæd firkanterne let med mel, beklæd dem derefter med æg og overtræk dem med rasp. Dyp igen i æg og rasp. Varm olien op og steg et par firkanter ad gangen til de er gyldne. Afdryp på fedtsugende papir inden servering.

Kylling med ingefær og svampe

til 4 personer

225 g/8 oz kyllingebrystfileter

5 ml/1 tsk fem krydderier pulver

15 ml/1 spsk hvedemel (alle formål)

120 ml/4 fl oz/¬Ω kop jordnøddeolie

4 skalotteløg, skåret i halve

1 fed hvidløg, skåret i skiver

1 skive hakket ingefærrod

25 g/1 oz/¬ kop cashewnødder

5 ml/1 tsk honning

15 ml / 1 spsk rismel

75 ml/5 spsk risvin eller tør sherry

100 g/4 oz svampe, skåret i kvarte

2,5 ml/¬Ω c. gurkemeje

6 gule peberfrugter skåret i halve

5 ml/1 tsk sojasovs

¬Ω citronsaft

salt og peber

4 sprøde salatblade

Skær kyllingebrystet diagonalt i tynde strimler. Drys med five-spice pulver og dæk let med mel. Opvarm 15 ml/1 spsk olie og svits kyllingen til den er gylden. Fjern fra bradepanden. Varm lidt olivenolie op og svits skalotteløg, hvidløg, ingefær og cashewnødder i 1 minut. Tilsæt honningen og rør, indtil grøntsagerne er dækket. Drys med mel og rør vin eller sherry i. Tilsæt champignon, safran og peberfrugt og kog i 1 minut. Tilsæt kylling, sojasovs, halvdelen af citronsaften, salt og peber og varm igennem. Tag den af bradepanden og hold den varm. Varm lidt mere olivenolie op, tilsæt salatbladene og sauter hurtigt, smag til med salt og peber og den resterende limesaft. Anret salatbladene på et opvarmet fad, fordel kødet og grøntsagerne ovenpå og server.

kylling og skinke

til 4 personer

8 oz/225 g kylling, meget tynde skiver

75 ml/5 spsk sojasovs

15 ml / 1 spsk risvin eller tør sherry

15 ml / 1 spsk brun farin

5 ml/1 tsk hakket ingefærrod

1 fed hvidløg, knust

8 oz/225 g kogt skinke, i tern

30 ml/2 spsk honning

Læg kyllingen i en skål med 45 ml/3 spsk hver sojasovs, vin eller sherry, sukker, ingefær og hvidløg. Lad marinere i 3 timer. Træk kylling og skinke på kebabspyd. Bland den resterende sojasovs med honning og pensl over spyddene. Grill på en varm grill i cirka 10 minutter, vend ofte og pensl med glasur, mens de koger.

Grillet kyllingelever

til 4 personer

450 g/1 lb kyllingelever

45 ml/3 spsk sojasovs

15 ml / 1 spsk risvin eller tør sherry

15 ml / 1 spsk brun farin

5 ml/1 tsk salt

5 ml/1 tsk hakket ingefærrod

1 fed hvidløg, knust

Kog kyllingelever i kogende vand i 2 minutter og dryp godt af. Kom i en skål med alle de resterende ingredienser undtagen olivenolien og lad det marinere i ca. 3 timer. Træk kyllingelever på kebabspyd og steg på en varm grill i ca. 8 minutter, indtil de er gyldenbrune.

Vandkastanjekrabbebolde

til 4 personer

450 g/1 lb hakket krabbekød

100 g/4 oz vandkastanjer, hakket

1 fed hvidløg, knust

1 cm/¬Ω skåret ingefærrod, hakket

45 ml / 3 spsk majsmel (majsstivelse)

30ml/2 spsk sojasovs

15 ml / 1 spsk risvin eller tør sherry

5 ml/1 tsk salt

5 ml/1 tsk sukker

3 æg, pisket

fritureolie

Bland alle ingredienserne undtagen olien og lav kugler. Varm olien op og steg krabbefrikadellerne til de er gyldne. Dræn godt af inden servering.

dim sum

til 4 personer

100 g/4 oz pillede rejer, hakket

225 g/8 oz magert svinekød, finthakket

50 g fintsnittet kinakål

3 spidskål (purløg), hakket

1 æg, pisket

30 ml/2 spsk majsstivelse (majsstivelse)

10 ml/2 tsk sojasovs

5 ml/1 tsk sesamolie

5 ml/1 tsk østerssauce

24 wonton skins

fritureolie

Kombiner rejer, svinekød, kål og spidskål. Tilsæt æg, majsstivelse, sojasauce, sesamolie og østerssauce. Placer skefulde af blandingen i midten af hver wonton hud. Tryk forsigtigt indpakningerne rundt om fyldet, bring kanterne sammen, men lad toppene stå åbne. Varm olien op og steg dim sums, et par ad gangen, til de er gyldenbrune. Dræn godt af og server varm.

Skinke og kyllingeruller

til 4 personer

2 kyllingebryst

1 fed hvidløg, knust

2,5 ml/¬Ω cc salt

2,5 ml/¬Ω c. fem krydderier pulver

4 skiver kogt skinke

1 æg, pisket

30 ml/2 spsk mælk

1 oz/¬ kop/25 g almindeligt mel (all-purpose)

4 forårsrulleskaller

fritureolie

Skær kyllingebrystene i halve. Kværn dem til de er meget fine. Kombiner hvidløg, salt og fem-krydderi pulver og drys over kyllingen. Læg en skive skinke på hvert stykke kylling og rul stramt. Bland æg og mælk. Beklæd kyllingestykkerne let med mel og dyp dem i æggeblandingen. Læg hvert stykke på en bageplade og pensl kanterne med sammenpisket æg. Fold siderne ind og rul sammen, klem kanterne for at forsegle. Varm olien op og steg rullerne i cirka 5 minutter, indtil de er gyldenbrune brun og vellavet. Afdryp på køkkenrulle og skær i tykke diagonale skiver til servering.

Bagte skinketærter

til 4 personer

350 g/12 oz/3 kopper almindeligt mel (all-purpose)

6 oz/¬æ kop/175 g smør

120 ml/4 fl oz/¬Ω kop vand

8 oz/225 g hakket skinke

100 g/4 oz hakkede bambusskud

2 spidskål (purløg), hakket

15 ml/1 spsk sojasovs

30 ml/2 spsk sesamfrø

Kom melet i en skål og gnid det med smørret. Bland vandet til en pasta. Rul dejen ud og skær den i 5 cm/2 cirkler. Bland alle de resterende ingredienser undtagen sesamfrø og hæld i hver cirkel. Pensl kanterne af dejen med vand og luk tæt. Pensl ydersiden med vand og drys med sesamfrø. Bages i en forvarmet ovn ved 180°C/350°F/termostat 4 i 30 minutter.

Pseudo-røget fisk

til 4 personer

1 havbars

3 skiver ingefærrod, skåret i skiver

1 fed hvidløg, knust

1 purløg (grønt løg), skåret i tykke skiver

75 ml/5 spsk sojasovs

30 ml/2 spsk risvin eller tør sherry

2,5 ml/¬Ω c. formalet anis

2,5 ml/¬Ω c. sesamolie

10 ml/2 tsk sukker

120 ml/4 fl oz/¬Ω kop bouillon

fritureolie

5 ml/1 tsk majsstivelse (majsstivelse)

Trim fisken og skær den i 5 mm skiver mod kornet. Bland ingefær, hvidløg, purløg, 60 ml/4 spsk sojasauce, sherry, anis og sesamolie. Hæld over fisken og rør forsigtigt. Lad det hvile i 2 timer, vend indimellem.

Dræn marinaden i en gryde og tør fisken på køkkenrulle. Tilsæt sukker, bouillon og den resterende sojasovs til marinade, bring i kog og kog i 1 minut. Hvis du skal tykne saucen, blandes majsstivelsen med lidt koldt vand, røres i saucen og koges under omrøring, indtil saucen tykner.

Varm imens olien op og steg fisken gylden. Tør godt. Dyp fiskestykkerne i marinaden og læg dem på et opvarmet fad. Serveres varm eller kold.

fyldte svampe

til 4 personer

12 store tørrede svampehatte

225 g/8 oz krabbekød

3 hakkede vandkastanjer

2 forårsløg (purløg), finthakket

1 æggehvide

15 ml/1 spsk majsstivelse (majsstivelse)

15 ml/1 spsk sojasovs

15 ml / 1 spsk risvin eller tør sherry

Udblød svampene i varmt vand natten over. Klem for at tørre. Kombiner de resterende ingredienser og brug til at fylde svampehætter. Læg på en damprist og kog i 40 minutter. Serveres varm.

Svampe med østerssauce

til 4 personer

10 tørrede kinesiske svampe

250 ml/8 oz/1 kop oksebouillon

15 ml/1 spsk majsstivelse (majsstivelse)

30 ml/2 spsk østerssauce

5 ml/1 tsk risvin eller tør sherry

Udblød svampene i varmt vand i 30 minutter, og dræn derefter 1 kop/250 ml iblødsætningsvæske. Kassér stilkene. Bland 60 ml/4 spiseskefulde oksefond med majsmel for at lave en pasta. Bring den resterende oksebouillon med svampe og svampesaft i kog, læg låg på og lad det simre i 20 minutter. Fjern svampene fra væsken med en hulske og læg dem på en varm tallerken. Tilsæt østerssaucen og sherryen til gryden og kog under omrøring i 2 minutter. Tilsæt majsstivelsesopslæmningen og kog under omrøring, indtil saucen tykner. Hæld svampene over og server med det samme.

Svinekød og salatruller

til 4 personer

4 tørrede kinesiske svampe
15 ml/1 spsk jordnøddeolie
8 oz/225 g magert svinekød, hakket
100 g/4 oz hakkede bambusskud
100 g/4 oz vandkastanjer, hakket
4 spidskål (purløg), hakket
6 oz/175 g smuldret krabbekød
30 ml/2 spsk risvin eller tør sherry
15 ml/1 spsk sojasovs
10 ml/2 tsk østerssauce
10 ml/2 tsk sesamolie
9 kinesiske blade

Udblød svampene i varmt vand i 30 minutter og dræn derefter. Kassér stilkene og hak toppen. Varm olien op og svits svinekødet i 5 minutter. Tilsæt svampe, bambusskud, vandkastanjer, spidskål og krabbekød og sauter i 2 minutter. Kombiner vin eller sherry, sojasovs, østerssauce og sesamolie og rør i gryden. Fjern fra varmen. Blancher imens de kinesiske blade i kogende vand i 1 minut og derefter dræne. Læg skefulde af svinekødsblandingen i midten af hver plade, fold siderne ind og rul sammen til servering.

Svinekød og kastanjefrikadeller

til 4 personer

450 g/1 lb hakket svinekød (hakket)
2 oz/50 g svampe, fint hakkede
2 oz/50 g vandkastanjer, finthakket
1 fed hvidløg, knust
1 æg, pisket
30ml/2 spsk sojasovs
15 ml / 1 spsk risvin eller tør sherry
5 ml/1 tsk hakket ingefærrod
5 ml/1 tsk sukker
salt
30 ml/2 spsk majsstivelse (majsstivelse)
fritureolie

Bland alle ingredienser undtagen majsstivelse og form blandingen til små kugler. Rul i majsstivelse. Varm olien op og steg frikadellerne i cirka 10 minutter til de er gyldne. Dræn godt af inden servering.

Svineboller

For 4,6

450 g/1 lb almindeligt mel (alle formål)

500 ml/17 oz/2 kopper vand

450 g/1 lb kogt svinekød, hakket

8 oz/225 g pillede rejer, hakket

4 hakkede selleristængler

15 ml/1 spsk sojasovs

15 ml / 1 spsk risvin eller tør sherry

15 ml/1 spsk sesamolie

5 ml/1 tsk salt

2 forårsløg (purløg), finthakket

2 fed hvidløg, knust

1 skive hakket ingefærrod

Bland mel og vand til du får en blød dej og ælt godt. Dæk til og lad hvile i 10 minutter. Rul dejen ud så tyndt som muligt og skær 5 cm/2 cirkler ud. Bland alle de resterende ingredienser. Hæld skefulde af blandingen i hver cirkel, fugt kanterne og forsegl til en halvcirkel. Bring en gryde med vand i kog og sænk forsigtigt frikadellerne ned i vandet.

Flæsk- og kalvekaffer

til 4 personer

100 g hakket svinekød (hakket)
100 g/4 oz hakket kalvekød (hakket)
1 skive hakket bacon (kværnet)
15 ml/1 spsk sojasovs
salt og peber
1 æg, pisket
30 ml/2 spsk majsstivelse (majsstivelse)
fritureolie

Tilsæt hakket kød og bacon og smag til med salt og peber. Bind med ægget, lav kugler på størrelse med en valnød og drys med majsstivelse. Varm olien op og steg til den er gylden. Dræn godt af inden servering.

sommerfugle rejer

til 4 personer

450 g/1 lb store rejer, pillede

15 ml/1 spsk sojasovs

5 ml/1 tsk risvin eller tør sherry

5 ml/1 tsk hakket ingefærrod

2,5 ml/¬Ω cc salt

2 æg, pisket

30 ml/2 spsk majsstivelse (majsstivelse)

15 ml/1 spsk hvedemel (alle formål)

fritureolie

Skær rejerne i to fra bagsiden og fordel dem ud til en sommerfugl. Bland sojasovs, vin eller sherry, ingefær og salt. Hæld rejerne over og lad marinere i 30 minutter. Fjern fra marinaden og dup tør. Pisk ægget med majsstivelse og mel, indtil du får en pasta og dyp rejerne i pastaen. Varm olien op og steg rejerne til de er gyldne. Dræn godt af inden servering.

kinesiske rejer

til 4 personer

450 g afskallede rejer

30 ml/2 spsk Worcestershire sauce

15 ml/1 spsk sojasovs

15 ml / 1 spsk risvin eller tør sherry

15 ml / 1 spsk brun farin

Læg rejerne i en skål. Bland resten af ingredienserne, hæld over rejerne og lad det marinere i 30 minutter. Overfør til en brødform og bag i en forvarmet ovn ved 150°C/300°F/termostat 2 i 25 minutter. Serveres varm eller kold i skallerne, så spisende kan lave deres egne skaller.

rejekiks

til 4 personer

100 g/4 oz rejekiks

fritureolie

Varm olien op, indtil den er meget varm. Tilsæt en håndfuld rejekiks ad gangen og steg i et par sekunder, indtil de puster op. Fjern fra olien og afdryp på køkkenrulle, mens du fortsætter med at stege kagerne.

Sprøde rejer

til 4 personer

450 g tigerrejer uden skal

15 ml / 1 spsk risvin eller tør sherry

10 ml/2 tsk sojasovs

5 ml/1 tsk fem krydderier pulver

salt og peber

90 ml/6 spsk majsmel (majsstivelse)

2 æg, pisket

100 g/4 oz brødkrummer

jordnøddeolie til stegning

Vend rejerne med vin eller sherry, sojasauce og 5-krydderipulver og smag til med salt og peber. Overtræk dem med majsstivelse og overtræk dem derefter med sammenpisket æg og rasp. Steg i varm olie i et par minutter, indtil de er let brune, afdryp og server straks.

Rejer med ingefærsauce

til 4 personer

15 ml/1 spsk sojasovs

5 ml/1 tsk risvin eller tør sherry

5 ml/1 tsk sesamolie

450 g/1 lb pillede rejer

30 ml/2 spsk hakket frisk persille

15 ml / 1 spsk vineddike

5 ml/1 tsk hakket ingefærrod

Kombiner sojasovs, vin eller sherry og sesamolie. Hæld rejerne over, dæk til og lad marinere i 30 minutter. Grill rejerne et par minutter til de er gennemstegte, pensl dem med marinaden. Bland imens persille, vineddike og ingefær til at servere sammen med rejerne.

Rejer og pastaruller

til 4 personer

2 oz/50 g ægnudler, brækket i stykker

15 ml/1 spsk jordnøddeolie

50 g/2 oz magert svinekød, finthakket

100 g/4 oz hakkede svampe

3 spidskål (purløg), hakket

100 g/4 oz pillede rejer, hakket

15 ml / 1 spsk risvin eller tør sherry

salt og peber

24 wonton skins

1 æg, pisket

fritureolie

Kog pastaen i kogende vand i 5 minutter, afdryp og hak. Varm olien op og svits svinekødet i 4 minutter. Tilsæt svampe og løg og svits i 2 minutter og tag dem af varmen. Kombiner rejer, vin eller sherry og pasta og smag til med salt og peber. Læg skefulde af blandingen i midten af hver wonton og pensl kanterne med det sammenpiskede æg. Fold kanterne og rul indpakningerne sammen, forsegl kanterne. Varm olien op og steg rullerne et par ad gangen i cirka 5 minutter til de er gyldne. Afdryp på fedtsugende papir inden servering.

Rejetoast

til 4 personer

2 æg 450 g/1 lb afskallede rejer, hakket

15 ml/1 spsk majsstivelse (majsstivelse)

1 løg, finthakket

30ml/2 spsk sojasovs

15 ml / 1 spsk risvin eller tør sherry

5 ml/1 tsk salt

5 ml/1 tsk hakket ingefærrod

8 skiver brød skåret i trekanter

fritureolie

Bland 1 æg med alle de resterende ingredienser undtagen brød og olie. Hæld blandingen over brødtrekanterne og tryk dem til en kuppelform. Pensl med det resterende æg. Varm ca. 5 cm olie op og steg brødtrekanterne til de er gyldne. Dræn godt af inden servering.

Svinekød og rejer wontons med sød og sur sauce

til 4 personer

120 ml/4 fl oz/¬Ω kop vand

60 ml/4 spsk vineddike

60 ml/4 spsk brun farin

30 ml/2 spsk tomatpuré (pasta)

10 ml/2 tsk majsstivelse (majsstivelse)

25 g/1 oz champignon, hakket

25 g/1 oz afskallede rejer, hakket

2 oz/50 g magert svinekød, hakket

2 spidskål (purløg), hakket

5 ml/1 tsk sojasovs

2,5 ml/¬Ω c. revet ingefærrod

1 fed hvidløg, knust

24 wonton skins

fritureolie

Kom vand, vineddike, sukker, tomatpuré og majsstivelse i en lille gryde. Bring i kog, under konstant omrøring, og kog i 1 minut. Fjern fra varmen og hold varm.

Kombiner svampe, rejer, svinekød, spidskål, sojasovs, ingefær og hvidløg. Læg skefulde fyld på hvert skind, pensl kanterne med vand og tryk for at forsegle. Varm olien op og steg wontons et par ad gangen, indtil de er gyldenbrune. Afdryp på køkkenrulle og server varm med sød og sur sauce.

kyllingefond

Gør 2 liter/3½ qts/8½ kopper

2 lbs/1,5 kg kogte eller rå kyllingeben
450 g/1 pund svineknogler
1 cm / ½ stykke ingefærrod
3 spidskål (spidskål), skåret i skiver
1 fed hvidløg, knust
5 ml/1 tsk salt
2,25 liter/4 qts/10 kopper vand

Bring alle ingredienser i kog, læg låg på og kog i 15 minutter. Fjern eventuelt fedt. Dæk til og kog i 1 1/2 time. Filtrer, afkøl og dræn. Frys ned i små mængder eller opbevar i køleskabet og spis inden for 2 dage.

Bønnespire og svinesuppe

til 4 personer

450 g/1 lb svinekød i tern

2½ qt./6 kopper/1,5 l hønsebouillon

5 skiver ingefærrod

350 g/12 oz bønnespirer

15 ml/1 spsk salt

Blancher svinekødet i kogende vand i 10 minutter, og dræn derefter. Bring bouillonen i kog og tilsæt svinekød og ingefær. Dæk til og kog i 50 minutter. Tilsæt bønnespirer og salt og kog i 20 minutter.

Abalone og svampesuppe

til 4 personer

60 ml/4 spsk jordnøddeolie

100 g/4 oz magert svinekød, skåret i strimler

8 oz/225 g dåse abalone, skåret i strimler

100 g/4 oz svampe, skåret i skiver

2 selleristængler, skåret i skiver

50 g/2 oz skinke, skåret i strimler

2 løg, skåret i skiver

2½ pt./6 kopper/1,5 l vand

30 ml/2 spsk vineddike

45 ml/3 spsk sojasovs

2 skiver hakket ingefærrod

salt og friskkværnet peber

15 ml/1 spsk majsstivelse (majsstivelse)

45 ml/3 spsk vand

Varm olien op og svits svinekød, abalone, champignon, selleri, skinke og løg i 8 minutter. Tilsæt vand og vineddike, bring det i kog, læg låg på og kog i 20 minutter. Tilsæt sojasovs, ingefær, salt og peber. Bland majsstivelsen til en pasta med vand, rør i suppen og kog under omrøring i 5 minutter, indtil suppen lysner og tykner.

Kylling og asparges suppe

til 4 personer

100 g/4 oz kylling, strimlet

2 æggehvider

2,5 ml/½ tsk salt

30 ml/2 spsk majsstivelse (majsstivelse)

225 g asparges, skåret i 5 cm stykker

100 g/4 oz bønnespirer

2½ qt./6 kopper/1,5 l hønsebouillon

100 g / 4 oz knapsvampe

Bland kyllingen med æggehvider, salt og majsstivelse og lad den hvile i 30 minutter. Kog kyllingen i kogende vand i cirka 10 minutter, til den er gennemstegt, og dræn godt af. Blancher aspargesene i kogende vand i 2 minutter, og dræn dem derefter. Blancher bønnespirerne i kogende vand i 3 minutter, og dræn derefter. Hæld bouillonen i en stor gryde og tilsæt kylling, asparges, champignon og bønnespirer. Bring i kog og smag til med salt. Kog i et par minutter, så smagen kan udvikle sig, og indtil grøntsagerne er møre, men stadig sprøde.

kødsuppe

til 4 personer

225 g/8 oz hakket oksekød (hakket)

15 ml/1 spsk sojasovs

15 ml / 1 spsk risvin eller tør sherry

15 ml/1 spsk majsstivelse (majsstivelse)

2 qts/5 kopper/1,2 l hønsebouillon

5 ml/1 tsk chilisauce

salt og peber

2 æg, pisket

6 spidskål (purløg), hakket

Bland kødet med sojasovsen, vin eller sherry og majsstivelse. Tilsæt til bouillon og bring det gradvist i kog under omrøring. Tilsæt den røde bønnesauce og smag til med salt og peber, læg låg på og kog i ca. 10 minutter under omrøring af og til. Bland æggene og server drysset med purløg.

Kinesisk oksekød og bladesuppe

til 4 personer

200 g/7 oz magert oksekød, skåret i strimler

15 ml/1 spsk sojasovs

15 ml/1 spsk jordnøddeolie

2½ qt./6 kopper/1,5 l oksebouillon

5 ml/1 tsk salt

2,5 ml/½ tsk sukker

½ hoved kinesiske blade skåret i stykker

Bland kødet med sojasovsen og olien og lad det marinere i 30 minutter under omrøring af og til. Bring bouillonen med salt og sukker i kog, tilsæt de kinesiske blade og kog i ca. 10 minutter, indtil de er næsten kogte. Tilsæt kødet og steg i yderligere 5 minutter.

Kålsuppe

til 4 personer

60 ml/4 spsk jordnøddeolie

2 hakkede løg

100 g/4 oz magert svinekød, skåret i strimler

8 oz/225 g kinakål, hakket

10 ml/2 tsk sukker

2 qts/5 kopper/1,2 l hønsebouillon

45 ml/3 spsk sojasovs

salt og peber

15 ml/1 spsk majsstivelse (majsstivelse)

Varm olien op og svits løg og svinekød, indtil det er let brunet. Tilsæt kål og sukker og svits i 5 minutter. Tilsæt bouillon og sojasovs og smag til med salt og peber. Bring det i kog, læg låg på og lad det simre i 20 minutter. Bland majsstivelsen med lidt vand, tilsæt suppen og kog under omrøring, indtil suppen tykner og lysner.

Krydret oksekødsuppe

til 4 personer

45 ml/3 spsk jordnøddeolie

1 fed hvidløg, knust

5 ml/1 tsk salt

225 g/8 oz hakket oksekød (hakket)

6 forårsløg (spidskål), skåret i strimler

1 rød peberfrugt, skåret i strimler

1 grøn peberfrugt, skåret i strimler

225 g/8 oz kål, hakket

1¾ kopper/1 l/4¼ kopper oksebouillon

30 ml/2 spsk blommesauce

30ml/2 spsk hoisinsauce

45 ml/3 spsk sojasovs

2 stykker ingefærstængel, hakket

2 æg

5 ml/1 tsk sesamolie

225 g/8 oz klure nudler, udblødte

Varm olivenolien op og svits hvidløg og salt, indtil det er let brunet. Tilsæt kødet og brun hurtigt. Tilsæt grøntsagerne og sauter indtil de er gennemsigtige. Tilsæt bouillon, blommesauce, hoisinsauce, 2/30 ml

spiseskefuld sojasovs og ingefær, bring det i kog og kog i 10 minutter. Pisk æggene med sesamolie og den resterende sojasovs. Tilføj til suppe med nudler og kog under omrøring, indtil æggene er bløde og nudlerne er møre.

himmelsk suppe

til 4 personer

2 spidskål (purløg), hakket
1 fed hvidløg, knust
30 ml/2 spsk hakket frisk persille
5 ml/1 tsk salt
15 ml/1 spsk jordnøddeolie
30ml/2 spsk sojasovs
2½ pt./6 kopper/1,5 l vand

Bland purløg, hvidløg, persille, salt, olie og sojasovs. Bring vandet i kog, hæld purløgsblandingen over og lad det stå i 3 minutter.

Kylling og bambusskudsuppe

til 4 personer

2 kyllingelår

30ml/2 spsk jordnøddeolie

5 ml/1 tsk risvin eller tør sherry

2½ qt./6 kopper/1,5 l hønsebouillon

3 purløg, skåret i skiver

100 g/4 oz bambusskud, skåret i stykker

5 ml/1 tsk hakket ingefærrod

salt

Udben kyllingen og skær kødet i stykker. Varm olien op og steg kyllingen til den er lukket på alle sider. Tilsæt bouillon, forårsløg, bambusskud og ingefær, bring det i kog og kog i cirka 20 minutter, indtil kyllingen er mør. Smag til med salt inden servering.

Kylling og majssuppe

til 4 personer

1¾ kopper/1 l/4¼ kopper hønsebouillon
100 g/4 oz kylling, hakket
200 g / 7 oz cremet sukkermajs
skive skinke, hakket
sammenpisket æg
15 ml / 1 spsk risvin eller tør sherry

Bring bouillon og kylling i kog, læg låg på og lad det simre i 15 minutter. Tilsæt majs og skinke, læg låg på og kog i 5 minutter. Tilsæt æg og sherry, rør langsomt med en spisepind, så æggene danner snore. Fjern fra varmen, dæk til og lad hvile i 3 minutter før servering.

Kylling og ingefær suppe

til 4 personer

4 tørrede kinesiske svampe
2½ pts/6 kopper/1,5 l vand eller hønsebouillon
225 g/8 oz kyllingekød, i tern
10 skiver ingefærrod
5 ml/1 tsk risvin eller tør sherry
salt

Udblød svampene i varmt vand i 30 minutter og dræn derefter. Kassér stilkene. Bring vandet eller bouillonen i kog med de resterende ingredienser og kog ved svag varme i ca. 20 minutter, indtil kyllingen er kogt.

Kyllingesuppe med kinesiske svampe

til 4 personer

25 g/1 oz tørrede kinesiske svampe
100 g/4 oz kylling, strimlet
2 oz/50 g bambusskud, hakket
30ml/2 spsk sojasovs
30 ml/2 spsk risvin eller tør sherry
2 qts/5 kopper/1,2 l hønsebouillon

Udblød svampene i varmt vand i 30 minutter og dræn derefter. Kassér stilkene og skær toppen af. Blancher svampe, kylling og bambusskud i kogende vand i 30 sekunder, og dræn derefter. Læg dem i en skål og rør sojasovsen og vin eller sherry i. Lad marinere i 1 time. Bring bouillonen i kog, tilsæt kyllingeblandingen og marinade. Bland godt og kog i et par minutter, indtil kyllingen er gennemstegt.

Kylling og rissuppe

til 4 personer

1¾ kopper/1 1/4 ¼ kopper hønsebouillon

225 g/8 oz/1 kop kogte langkornede ris

100 g/4 oz kogt kylling, skåret i strimler

1 løg i kvarte

5 ml/1 tsk sojasovs

Varm forsigtigt alle ingredienserne sammen, indtil de er varme, uden at lade suppen koge.

Kylling og kokossuppe

til 4 personer

350 g/12 oz kyllingebryst

salt

10 ml/2 tsk majsstivelse (majsstivelse)

30ml/2 spsk jordnøddeolie

1 grøn chili, hakket

1¾ pt./4¼ kopper kokosmælk

5 ml/1 tsk citronskal

12 litchi

knivspids revet muskatnød

salt og friskkværnet peber

2 blade af citronmelisse

Skær kyllingebrystet diagonalt i strimler. Drys med salt og overtræk med majsstivelse. Opvarm 2 tsk/10 ml olie i en wok, rør og hæld. Gentag endnu en gang. Varm den resterende olie op og svits kylling og peber i 1 minut. Tilsæt kokosmælken og bring det i kog. Tilsæt citronskal og kog i 5 minutter. Tilsæt litchi, krydr med muskatnød, salt og peber og server pyntet med citronmelisse.

muslingesuppe

til 4 personer

2 tørrede kinesiske svampe

12 muslinger, udblødt og skrubbet

2½ qt./6 kopper/1,5 l hønsebouillon

2 oz/50 g bambusskud, hakket

2 oz/50 g ærter, halveret

2 spidskål (spidskål), skåret i skiver

15 ml / 1 spsk risvin eller tør sherry

knivspids friskkværnet peber

Udblød svampene i varmt vand i 30 minutter og dræn derefter. Kassér stilkene og skær toppen i halve. Kog muslingerne i cirka 5 minutter, indtil de åbner sig; kasser alt, der forbliver uåbnet. Fjern muslingerne fra deres skaller. Bring bouillonen i kog og tilsæt champignon, bambusskud, basilikum og purløg. Kog uden låg i 2 minutter. Tilsæt muslinger, vin eller sherry og peber og kog indtil de er gennemvarme.

æggesuppe

til 4 personer

2 qts/5 kopper/1,2 l hønsebouillon

3 æg, pisket

45 ml/3 spsk sojasovs

salt og friskkværnet peber

4 spidskål (spidskål), skåret i skiver

Bring bouillonen i kog. Tilsæt gradvist de sammenpiskede æg under omrøring, så de skilles i filamenter. Bland sojasovsen i og smag til med salt og peber. Server pyntet med purløg.

Krabbe og kammusling suppe

til 4 personer

4 tørrede kinesiske svampe

15 ml/1 spsk jordnøddeolie

1 æg, pisket

2½ qt./6 kopper/1,5 l hønsebouillon

6 oz/175 g smuldret krabbekød

100 g/4 oz skyllede kammuslinger, skåret i skiver

100 g/4 oz bambusskud, skåret i skiver

2 spidskål (purløg), hakket

1 skive hakket ingefærrod

nogle kogte rejer uden skal (valgfrit)

45 ml / 3 spsk majsmel (majsstivelse)

90 ml/6 spsk vand

30 ml/2 spsk risvin eller tør sherry

20 ml/4 teskefulde sojasovs

2 æggehvider

Udblød svampene i varmt vand i 30 minutter og dræn derefter. Kassér stilkene og skær toppen i tynde skiver. Varm olien op, tilsæt ægget og vip panden, så ægget dækker bunden. Kog indtil

vend og steg den anden side. Tag af panden, rul sammen og skær i tynde strimler.

Bring bouillon i kog, tilsæt svampe, æggestrimler, krabbekød, kammuslinger, bambusskud, spidskål, ingefær og rejer, hvis det ønskes. Lad det koge igen. Bland majsmel med 4 spsk/60ml vand, vin eller sherry og sojasovs og rør i suppen. Kog under konstant omrøring, indtil suppen tykner. Pisk æggehviderne med det resterende vand og hæld langsomt blandingen i suppen under kraftig omrøring.

krabbesuppe

til 4 personer

90ml/6 spsk jordnøddeolie

3 hakkede løg

225 g/8 oz hvidt og brunt krabbekød

1 skive hakket ingefærrod

2 qts/5 kopper/1,2 l hønsebouillon

¼pt/150 ml/kop risvin eller tør sherry

45 ml/3 spsk sojasovs

salt og friskkværnet peber

Varm olien op og svits løget, indtil det er blødt, men ikke brunet. Tilsæt krabbekød og ingefær og sauter i 5 minutter. Tilsæt bouillon, vin eller sherry og sojasovs, salt og peber. Bring i kog og kog derefter i 5 minutter.

Fiske suppe

til 4 personer

225 g/8 oz fiskefileter

1 skive hakket ingefærrod

15 ml / 1 spsk risvin eller tør sherry

30ml/2 spsk jordnøddeolie

2½ pt/1,5 l/6 kopper fiskefond

Skær fisken i tynde strimler mod kornet. Bland ingefær, vin eller sherry og olivenolie, tilsæt fisken og bland forsigtigt. Lad det marinere i 30 minutter, vend af og til. Bring bouillonen i kog, tilsæt fisken og kog ved svag varme i 3 minutter.

Fisk og salatsuppe

til 4 personer

225 g/8 oz hvide fiskefileter

30 ml/2 spsk hvedemel (alle formål)

salt og friskkværnet peber

90ml/6 spsk jordnøddeolie

6 spidskål (spidskål), skåret i skiver

100 g/4 oz salat, revet

2 pts/5 kopper/1,2 l vand

10ml/2 tsk finthakket ingefærrod

150 ml / ¼ pt / generøs ½ kop risvin eller tør sherry

30 ml/2 spsk majsstivelse (majsstivelse)

30 ml/2 spsk hakket frisk persille

10 ml/2 tsk citronsaft

30ml/2 spsk sojasovs

Skær fisken i tynde strimler og bland med krydret mel. Varm olivenolien op og svits forårsløgene til de er møre. Tilsæt salaten og svits i 2 minutter. Tilsæt fisken og kog i 4 minutter. Tilsæt vand, ingefær og vin eller sherry, bring det i kog, læg låg på og kog i 5 minutter. Bland majsstivelsen med lidt vand og tilsæt suppen. Kog under omrøring i yderligere 4 minutter, indtil suppen er

lysne og smag til med salt og peber. Server drysset med persille, citronsaft og sojasovs.

Ingefærsuppe med dumplings

til 4 personer

5 cm / 2 i et stykke revet ingefærrod

350 g/12 oz brun farin

2½ pt./1,5 l/7 kopper vand

225 g/8 oz/2 kopper rismel

2,5 ml/½ tsk salt

60 ml/4 spsk vand

Kom ingefær, sukker og vand i en gryde og varm op under konstant omrøring. Dæk til og kog i cirka 20 minutter. Si suppen og kom den tilbage i gryden.

Læg i mellemtiden mel og salt i en skål og ælt langsomt med nok vand til at danne en tyk dej. Tril til små kugler og kom kuglerne i suppen. Sæt suppen i kog, læg låg på og kog i yderligere 6 minutter, indtil bollerne er gennemstegte.

Varm og sur suppe

til 4 personer

8 tørrede kinesiske svampe

1¾ kopper/1 1/4¼ kopper hønsebouillon

100 g kylling, skåret i strimler

100 g/4 oz bambusskud, skåret i strimler

100 g/4 oz tofu, skåret i strimler

15 ml/1 spsk sojasovs

30 ml/2 spsk vineddike

30 ml/2 spsk majsstivelse (majsstivelse)

2 æg, pisket

et par dråber sesamolie

Udblød svampene i varmt vand i 30 minutter og dræn derefter. Kassér stilkene og skær toppen i strimler. Bring svampe, bouillon, kylling, bambusskud og tofu i kog, læg låg på og lad det simre i 10 minutter. Bland sojasovsen, vineddike og majsstivelse til en jævn pasta, rør i suppen og kog i 2 minutter, indtil suppen er gennemsigtig. Tilsæt langsomt æg og sesamolie under omrøring med en spisepind. Dæk til og lad hvile i 2 minutter før servering.

Svampesuppe

til 4 personer

15 tørrede kinesiske svampe

2½ qt./6 kopper/1,5 l hønsebouillon

5 ml/1 tsk salt

Udblød svampene i varmt vand i 30 minutter og afdryp, mens væsken opbevares. Kassér stilkene og skær toppene i halve, hvis de er store, og læg dem i en stor varmefast skål. Stil skålen på en rist i en dampkoger. Bring bouillonen i kog, hæld svampene over, læg låg på og kog i 1 time i kogende vand. Smag til med salt og server.

Svampe- og kålsuppe

til 4 personer

25 g/1 oz tørrede kinesiske svampe

15 ml/1 spsk jordnøddeolie

2 oz/50 g kinesiske blade, hakket

15 ml / 1 spsk risvin eller tør sherry

15 ml/1 spsk sojasovs

2 qts/5 kopper/1,2 l kylling eller grøntsagsbouillon

salt og friskkværnet peber

5 ml/1 tsk sesamolie

Udblød svampene i varmt vand i 30 minutter og dræn derefter. Kassér stilkene og skær toppen af. Varm olivenolien op og svits champignonerne og de kinesiske blade i 2 minutter, indtil de er godt dækket. Rør vin eller sherry og sojasovs i, og tilsæt derefter bouillon. Bring i kog, smag til med salt og peber og kog i 5 minutter. Dryp med sesamolie inden servering.

Æggesuppe med svampe

til 4 personer

1¾ kopper/1 l/4¼ kopper hønsebouillon

30 ml/2 spsk majsstivelse (majsstivelse)

100 g/4 oz svampe, skåret i skiver

1 skive løg, finthakket

knivspids salt

3 dråber sesamolie

2,5 ml/½ tsk sojasovs

1 æg, pisket

Bland lidt bouillon med majsstivelsen og bland alle ingredienserne undtagen ægget. Bring i kog, læg låg på og kog i 5 minutter. Tilsæt ægget under omrøring med en spisepind, så ægget danner snore. Fjern fra varmen og lad hvile i 2 minutter før servering.

Svampe- og vandkastanjesuppe

til 4 personer

1¾ kopper/1 1/4¼ kopper grøntsagsbouillon eller vand

2 løg, finthakket

5 ml/1 tsk risvin eller tør sherry

30ml/2 spsk sojasovs

225 g / 8 oz knapsvampe

100 g/4 oz vandkastanjer, skåret i skiver

100 g/4 oz bambusskud, skåret i skiver

et par dråber sesamolie

2 salatblade, skåret i stykker

2 spidskål (purløg), skåret i stykker

Bring vand, løg, vin eller sherry og sojasovs i kog, læg låg på og lad det simre i 10 minutter. Tilsæt svampe, vandkastanjer og bambusskud, læg låg på og kog i 5 minutter. Tilsæt sesamolie, salatblade og forårsløg, tag af varmen, læg låg på og lad hvile i 1 minut før servering.

Svinekød og svampesuppe

til 4 personer

60 ml/4 spsk jordnøddeolie

1 fed hvidløg, knust

2 løg, skåret i skiver

8 oz/225 g magert svinekød, skåret i strimler

1 stilk selleri, hakket

2 oz/50 g svampe, skåret i skiver

2 gulerødder, skåret i skiver

2 pts/5 kopper/1,2 l oksebouillon

15 ml/1 spsk sojasovs

salt og friskkværnet peber

15 ml/1 spsk majsstivelse (majsstivelse)

Varm olivenolien op og svits hvidløg, løg og svinekød, indtil løget er blødt og let brunet. Tilsæt selleri, champignon og gulerødder, læg låg på og lad det simre i 10 minutter. Bring bouillonen i kog, og kom den derefter i gryden med soyasovsen og smag til med salt og peber. Bland majsstivelsen med lidt vand, hæld i gryden og kog under omrøring i cirka 5 minutter.

Svinekød og brøndkarse suppe

til 4 personer

2½ qt./6 kopper/1,5 l hønsebouillon
100 g/4 oz magert svinekød, skåret i strimler
3 selleristængler, skåret diagonalt
2 spidskål (spidskål), skåret i skiver
1 bundt brøndkarse
5 ml/1 tsk salt

Bring bouillonen i kog, tilsæt svinekød og selleri, læg låg på og lad det simre i 15 minutter. Tilsæt forårsløg, brøndkarse og salt og steg uden låg i cirka 4 minutter.

Svinekød og agurkesuppe

til 4 personer

100 g/4 oz magert svinekød, skåret i tynde skiver
5 ml/1 tsk majsstivelse (majsstivelse)
15 ml/1 spsk sojasovs
15 ml / 1 spsk risvin eller tør sherry
1 agurk
2½ qt./6 kopper/1,5 l hønsebouillon
5 ml/1 tsk salt

Kombiner svinekød, majsstivelse, sojasovs og vin eller sherry. Rør for at dække svinekødet. Skræl agurken og halver den på langs, og fjern derefter kernerne. Tykt snit. Bring bouillonen i kog, tilsæt svinekødet, læg låg på og lad det simre i 10 minutter. Tilsæt agurken og kog i et par minutter, indtil den er gennemsigtig. Juster saltet og tilsæt lidt mere sojasovs, hvis det ønskes.

Flæskekugle og nudelsuppe

til 4 personer

50 g/2 oz risnudler

225 g/8 oz hakket svinekød (hakket)

5 ml/1 tsk majsstivelse (majsstivelse)

2,5 ml/½ tsk salt

30 ml/2 spsk vand

2½ qt./6 kopper/1,5 l hønsebouillon

1 purløg (grønt løg), finthakket

5 ml/1 tsk sojasovs

Læg pastaen i koldt vand, mens du forbereder frikadellerne. Bland svinekød, majsstivelse, lidt salt og vand og lav kugler på størrelse med en valnød. Bring en gryde med vand i kog, tilsæt svinekødbollerne, læg låg på og kog i 5 minutter. Dræn godt af og afdryp pastaen. Bring bouillonen i kog, tilsæt svinefrikadeller og pasta, læg låg på og kog i 5 minutter. Tilsæt spidskål, sojasovs og det resterende salt og kog i yderligere 2 minutter.

Spinat og tofu suppe

til 4 personer

2 qts/5 kopper/1,2 l hønsebouillon

200 g dåsetomater, drænet og hakket

8 oz/225 g tofu, i tern

8 oz/225 g hakket spinat

30ml/2 spsk sojasovs

5 ml/1 tsk brun farin

salt og friskkværnet peber

Bring bouillonen i kog og tilsæt tomater, tofu og spinat og rør forsigtigt. Vend tilbage til varmen og kog i 5 minutter. Tilsæt sojasauce og sukker og smag til med salt og peber. Lad det koge i 1 minut inden servering.

Majs og krabbesuppe

til 4 personer

2 qts/5 kopper/1,2 l hønsebouillon

200 g/7 oz sukkermajs

salt og friskkværnet peber

1 æg, pisket

7 oz/200 g krabbekød, smuldret

3 hakkede skalotteløg

Bring bouillonen i kog, tilsæt majs og smag til med salt og peber. Lad det simre i 5 minutter. Lige inden servering overhældes æggene med en gaffel og røres over suppen. Server drysset med krabbekød og hakkede skalotteløg.

Szechuan suppe

til 4 personer

4 tørrede kinesiske svampe

2½ qt./6 kopper/1,5 l hønsebouillon

75 ml/5 spsk tør hvidvin

15 ml/1 spsk sojasovs

2,5 ml/½ tsk varm sauce

30 ml/2 spsk majsstivelse (majsstivelse)

60 ml/4 spsk vand

100 g/4 oz magert svinekød, skåret i strimler

2 oz/50 g kogt skinke, skåret i strimler

1 rød peberfrugt, skåret i strimler

2 oz/50 g vandkastanjer, skåret i skiver

10 ml/2 tsk vineddike

5 ml/1 tsk sesamolie

1 æg, pisket

100 g pillede rejer

6 spidskål (purløg), hakket

6 oz/175 g tofu, i tern

Udblød svampene i varmt vand i 30 minutter og dræn derefter. Kassér stilkene og skær toppen af. Medbring bouillon, vin, soja sauce og chilisauce koges op, dækkes og koges i 5 minutter. Bland majsstivelsen med halvdelen af vandet og rør i suppen under omrøring indtil suppen tykner. Tilsæt svampe, svinekød, skinke, peberfrugt og vandkastanjer og kog i 5 minutter. Bland vineddike og sesamolie. Pisk ægget med det resterende vand og hæld det i suppen under kraftig omrøring. Tilsæt rejer, forårsløg og tofu og kog i et par minutter for at blive gennemvarme.

tofu suppe

til 4 personer

2½ qt./6 kopper/1,5 l hønsebouillon

8 oz/225 g tofu, i tern

5 ml/1 tsk salt

5 ml/1 tsk sojasovs

Bring bouillonen i kog og tilsæt tofu, salt og sojasovs. Kog i et par minutter, indtil tofuen er varm.

Tofu og fiskesuppe

til 4 personer

8 oz/225 g hvide fiskefileter, skåret i strimler

150 ml / ¼ pt / generøs ½ kop risvin eller tør sherry

10ml/2 tsk finthakket ingefærrod

45 ml/3 spsk sojasovs

2,5 ml/½ tsk salt

60 ml/4 spsk jordnøddeolie

2 hakkede løg

100 g/4 oz svampe, skåret i skiver

2 qts/5 kopper/1,2 l hønsebouillon

100 g/4 oz tofu, i tern

salt og friskkværnet peber

Læg fisken i en skål. Kombiner vin eller sherry, ingefær, sojasovs og salt og hæld over fisken. Lad det marinere i 30 minutter. Varm olien op og svits løget i 2 minutter. Tilsæt svampene og steg videre, indtil løgene er bløde, men ikke brunede. Tilsæt fisken og marinaden, bring det i kog, læg låg på og kog i 5 minutter. Tilsæt bouillon, bring det i kog, læg låg på og lad det simre i 15 minutter. Tilsæt tofuen og smag til med salt og peber. Sauter indtil tofuen er kogt.

Tomatsuppe

til 4 personer

400 g/14 oz dåsetomater, drænet og hakket

2 qts/5 kopper/1,2 l hønsebouillon

1 skive hakket ingefærrod

15 ml/1 spsk sojasovs

15 ml / 1 spsk chilisauce

10 ml/2 tsk sukker

Kom alle ingredienserne i en gryde og varm langsomt op under omrøring af og til. Kog i cirka 10 minutter før servering.

Tomat og spinatsuppe

til 4 personer

2 qts/5 kopper/1,2 l hønsebouillon

8 oz/225 g hakkede tomater på dåse

8 oz/225 g tofu, i tern

225 g/8 oz spinat

30ml/2 spsk sojasovs

salt og friskkværnet peber

2,5 ml/½ tsk sukker

½ tsk/2,5 ml risvin eller tør sherry

Bring bouillonen i kog, tilsæt tomater, tofu og spinat og kog i 2 minutter. Tilsæt resten af ingredienserne og kog i 2 minutter, bland godt og server.

majroesuppe

til 4 personer

1¾ kopper/1 1/4¼ kopper hønsebouillon
1 stor majroe, skåret i tynde skiver
200 g/7 oz magert svinekød, skåret i tynde skiver
15 ml/1 spsk sojasovs
60ml/4 spsk brandy
salt og friskkværnet peber
4 skalotteløg, finthakket

Bring bouillonen i kog, tilsæt majroe og svinekød, læg låg på og kog i 20 minutter, indtil majroen er mør og kødet er tilberedt. Tilsæt sojasauce og brandy efter smag. Kog indtil serveringen er varm drysset med skalotteløg.

Grøntsagssuppe

til 4 personer

6 tørrede kinesiske svampe

1¾ kopper/1 l/4¼ kopper grøntsagsbouillon

50 g/2 oz bambusskud, skåret i strimler

2 oz/50 g vandkastanjer, skåret i skiver

8 ærter skåret i tern

5 ml/1 tsk sojasovs

Udblød svampene i varmt vand i 30 minutter og dræn derefter. Kassér stilkene og skær toppen i strimler. Tilsæt dem til bouillonen med bambusskuddene og vandkastanjerne og bring dem i kog, læg låg på og lad det koge i 10 minutter. Tilsæt mangetout og sojasovs, læg låg på og kog i 2 minutter. Lad den hvile i 2 minutter inden servering.

vegetarsuppe

til 4 personer

¼ *hvidkål*

2 gulerødder

3 selleristængler

2 forårsløg (grønne løg)

30ml/2 spsk jordnøddeolie

2½ pt./6 kopper/1,5 l vand

15 ml/1 spsk sojasovs

15 ml / 1 spsk risvin eller tør sherry

5 ml/1 tsk salt

friskkværnet peber

Skær grøntsagerne i strimler. Varm olien op og steg grøntsagerne i 2 minutter, indtil de begynder at blive bløde. Tilsæt resten af ingredienserne, bring det i kog, læg låg på og kog i 15 minutter.

Brøndkarse suppe

til 4 personer

1¾ kopper/1 l/4¼ kopper hønsebouillon
1 løg, finthakket
1 stilk selleri, finthakket
8 oz/225 g brøndkarse, groft hakket
salt og friskkværnet peber

Bring bouillon, løg og selleri i kog, læg låg på og lad det simre i 15 minutter. Tilsæt brøndkarse, læg låg på og kog i 5 minutter. Smag til med salt og peber.

Stegt fisk med grøntsager

til 4 personer

4 tørrede kinesiske svampe

4 hele fisk, rensede og skællede

fritureolie

30 ml/2 spsk majsstivelse (majsstivelse)

45 ml/3 spsk jordnøddeolie

100 g/4 oz bambusskud, skåret i strimler

50 g vandkastanjer, skåret i strimler

2 oz/50 g kinakål, hakket

2 skiver hakket ingefærrod

30 ml/2 spsk risvin eller tør sherry

30 ml/2 spsk vand

15 ml/1 spsk sojasovs

5 ml/1 tsk sukker

120 ml/4 fl oz/¬Ω kop fiskebouillon

salt og friskkværnet peber

¬Ω salathoved, revet

15 ml / 1 spsk hakket persille

Udblød svampene i varmt vand i 30 minutter og dræn derefter. Kassér stilkene og skær toppen af. Skær fisken i halve majsmel og fjern overskydende. Varm olien op og steg fisken i cirka 12 minutter, indtil den er gennemstegt. Afdryp på sugende papir og hold varmt.

Varm olivenolien op og svits champignon, bambusskud, vandkastanjer og kål i 3 minutter. Tilsæt ingefær, vin eller sherry, 15 ml/1 spsk vand, sojasauce og sukker og sauter i 1 minut. Tilsæt bouillon, salt og peber, bring det i kog, læg låg på og kog i 3 minutter. Bland majsstivelsen med det resterende vand, hæld i gryden og kog under omrøring, indtil saucen tykner. Anret salaten på et fad og læg fisken ovenpå. Hæld grøntsagerne og saucen over og server pyntet med persille.

Helstegt fisk

til 4 personer

1 stor havbars eller lignende fisk
45 ml / 3 spsk majsmel (majsstivelse)
45 ml/3 spsk jordnøddeolie
1 hakket løg
2 fed hvidløg, knust
50 g/2 oz skinke, skåret i strimler
100 g pillede rejer
15 ml/1 spsk sojasovs
15 ml / 1 spsk risvin eller tør sherry
5 ml/1 tsk sukker
5 ml/1 tsk salt

Beklæd fisken med majsstivelse. Varm olivenolien op og svits løg og hvidløg til de er let brune. Tilsæt fisken og steg den gylden på begge sider. Læg fisken over på en plade alufolie på en bageplade og top med skinke og rejer. Tilsæt sojasovsen, vin eller sherry, sukker og salt til gryden og bland godt. Hæld over fisken, luk folien over toppen og sæt den i den forvarmede ovn ved 150 ∞C/300 ∞F/termostat 2 i 20 minutter.

braiseret sojafisk

til 4 personer

1 stor havbars eller lignende fisk

salt

50 g/2 oz/½ kop almindeligt mel (all-purpose)

60 ml/4 spsk jordnøddeolie

3 skiver hakket ingefærrod

3 spidskål (purløg), hakket

250 ml/8 oz/1 kop vand

45 ml/3 spsk sojasovs

15 ml / 1 spsk risvin eller tør sherry

2,5 ml/½ c. sukker

Rens og skæl fisken og skær den diagonalt på begge sider. Drys med salt og lad hvile i 10 minutter. Varm olien op og steg fisken gylden på begge sider, vend én gang og dryp med olie under tilberedningen. Tilsæt ingefær, purløg, vand, sojasovs, vin eller sherry og sukker, bring det i kog, læg låg på og lad det simre i 20 minutter, indtil fisken er gennemstegt. Serveres varm eller kold.

Sojafisk med østerssauce

til 4 personer

1 stor havbars eller lignende fisk

salt

60 ml/4 spsk jordnøddeolie

3 spidskål (purløg), hakket

2 skiver hakket ingefærrod

1 fed hvidløg, knust

45 ml/3 spsk østerssauce

30ml/2 spsk sojasovs

5 ml/1 tsk sukker

250 ml/8 oz/1 kop fiskebouillon

Rens og skæl fisken og score flere gange diagonalt på hver side. Drys med salt og lad hvile i 10 minutter. Varm det meste af olien op og steg fisken gylden på begge sider, vend én gang. Opvarm imens den resterende olie i en separat gryde og svits forårsløg, ingefær og hvidløg, indtil de er let brune. Tilsæt østerssauce, sojasauce og sukker og sauter i 1 minut. Tilsæt bouillon og bring det i kog. Hæld blandingen i guldfiskene, vend tilbage til varmen, læg låg på og kog i ca

15 minutter til fisken er færdig, vend en eller to gange under tilberedningen.

dampet havaborre

til 4 personer

1 stor havbars eller lignende fisk
2,25 l / 4 qts / 10 kopper vand
3 skiver hakket ingefærrod
15 ml/1 spsk salt
15 ml / 1 spsk risvin eller tør sherry
30ml/2 spsk jordnøddeolie

Rens og skæl fisken og skær begge sider diagonalt flere gange. Bring vandet i kog i en stor gryde og tilsæt resten af ingredienserne. Dyp fisken i vand, dæk godt til, sluk for varmen og lad den hvile i 30 minutter til fisken er kogt.

www.ingramcontent.com/pod-product-compliance
Lightning Source LLC
Chambersburg PA
CBHW071911110526
44591CB00011B/1633